# 單車環台總壹旅行

一生必騎3大經典路線・31條行程規劃

車道

易度

# 目錄

> **環完島，**
>
> **您還要繼續騎單車嗎？**

# 序

　　每次有人問我環島要注意哪些事項、路線該怎麼規劃，回答之前，我總是會提出這個問題。

　　因為我想先知道對方是把環島當成人生中的一個挑戰，完成了，會再邁向另一個主題去挑戰，例如登玉山、泳渡日月潭等；或是把環島當成是認識台灣的敲門磚，日後還要繼續深訪這個美麗島嶼；或只是想透過環島來驗證自己這段日子以來的訓練成果，未來想往更精實的高強度競賽邁進。當然，還有一些是來自國外的車友想來環島，只是打不定主意要自己帶車還是要租車。

　　若只是把環島當成是人生中的一個挑戰，完成後不會繼續騎車，有關單車的準備，我會建議考慮用租的，或是參加付費的環島挑戰團，畢竟準備一台單車只是基本，後續的裝備、維護等哩哩摳摳要做的事很雜，也要花不少銀兩。與其只為騎一次花那麼多心力，倒不如把時間精力放在行前體力訓練及路程規劃（租車的話），其餘的交給專業廠家即可，而且交給專業廠家有時花的錢比自己準備還經濟。

　　而如果您已經有一台單車，且有了基礎的體力技巧，或是雖然沒有單車，但正打算開始騎車，除了希望以環島當成是一個里程碑，完成後仍要將單車納為主要的運動休閒。甚至您因為某些緣故，想以騎機車的方式先行認識這塊美麗的土地，有朝一日仍然要身體力行用自己的力量一步

 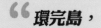

一腳印的出發。或許這本書的路線及建議，就能為您提供一些我們的經驗。

　　台灣南北縱長約395km，東西寬度最大約144km，嚴格講不是很大，但小小島嶼擁有5座山脈，3000m以上的高山有268座，加上因海拔巨大落差及位於北回歸線上，讓我們有令人稱羨的多元生態、人文環境。有了這樣的條件，原本就很熱絡的台灣單車旅遊，近幾年在政府及民間業者推動下，更是越來越被全世界愛好者關注，進而願意起身前來親自以單車認識這個美麗的島嶼。

　　這本書，就是精選了我們多次造訪且認為是台灣單車旅行的經典路線，要提供給喜愛單車旅行的你作為參考，希望讓您可以省略掉過多的規劃前置時間，轉而多探尋可以深化旅程內容的資訊，尤其是我們台灣許多寶貴的在地內涵，了解越多感動越深，因為我們知道，在台灣，我們騎的是單車，但感動的是文化，唯有一再踏出去，為這個島嶼付出關心，進而學習與分享，這塊土地就會越有溫度，在有您的參與下，台灣，用騎的最美，而且越騎越美。

　　好吧，讓我們翻開書本，開始進入經典的台灣單車旅程！

**Eddie Chen**

感謝台灣雲豹股份有限公司徐正能總經理，對於2次環島行程提供支援與贊助

# 旅行台灣 ⑤ 個 關 鍵

台灣雖然不大，但以單車從事旅行，尤其是日程較久的旅程，因為台灣地形、地理位置、氣候以及區域發展差異，過程中的變數不少，雖然會讓事前準備多花不少心力，行程中也常常得隨機應變，但這些變數往往帶來不少令人印象深刻的回憶。

若要讓這些回憶屬於正面，事前掌握台灣單車旅行幾個注意事項，就可以比較容易化險為夷，或是遇到狀況能從容處置，甚至是預先避開遇到危險的機率，以下就以我們長年在台灣旅行所整理出的經驗，提供您出發前參考。

## 關鍵 1 天氣

由於台灣位於北回歸線上，又因海拔巨大落差和季風吹拂，天氣型態萬般複雜，因此用以下幾個與騎車相關的天氣現

水源區免費戲光巴士
獅仔頭山站

象，來描述規劃時需要知道的事。有時適當借力使力，可以讓旅程更有樂趣。

### ◉ 溫度

**平地**：夏熱冬冷、春秋涼爽是基本，但在冬季西部（泛指台灣整個西部）大約過了雲、嘉之後，有時氣溫仍然偏高；東部（泛指台灣整個東部）則幾乎要到台東溫度才會高一些。夏天全台平地幾乎都是高溫，其中台北、新北因為是盆地，溫度較其他地方高；東部在夏天遇到西南氣流強盛時，因為是背風面，會有因沉降氣流形成焚風的高溫現象。

**山地**：高海拔地區則分布得比較均勻，冬季基本上海拔越高溫度越低，與高度上升100m，溫度下降0.6℃的約略計算相距不遠。夏季若是有日照，中海拔的山地依舊常會有高溫，加上若剛好是爬坡，身體更會發熱，因此水分補充格外重要。大約要超過海拔2000m之後，夏季的溫度才會比較穩定。

由以上溫度呈現可以得知，在補水策略上，夏季中海拔開始一定要適當地計畫補給點，才不會因為缺飲水造成身體不適；在平地則因鄉鎮聚落相距都不會太遠，補水較不會有問題，但仍要避免高溫及高濕度造成身體不適，建議可以利用夏季日照時間長，調整騎車時段為清晨提早出發，中午躲避高溫，然後傍晚延後休息（當然要注意安全）來因應。

另外，不管是夏天還是冬天，若在高海拔遇到下雨又搭配下坡，身體非常容易失溫，因此即使是夏天，要是騎高海拔路

線，適當的保暖衣物絕對要帶。

### ◉ 風向

台灣主要受到2種季風影響，夏天是西南氣流，風向以西南、南風為多；冬天為東北季風，風向以北風、東北風為多。這2種季風的特色是會有較強風勢（有時會大到像颱風），影響區域以平地為主，因此受影響的騎行遊程主要是環島。

東北季風的影響程度，西部會大於東部（外島則全島受影響）；東部則因部分地區為山，多少會有些阻隔，但若遇到較強的冷鋒甚至寒流，東西部則都會吹著強烈的偏北風。

另外，恆春半島西側在冬季有個特有的氣象現象——落山風，風向為由山頂往下側吹（恆春半島西側道路是以南北走向為主）。

以上的風向、風速因素，加上靠海側較容易賞景，車友環島多以逆時針方向為多，也就是夏天在西部會逆風而行，東部則會遇到背風面的高溫。冬天在西部則為大順風，尤其越北部越明顯；到東部則就會遇到強逆風。

### ◉ 雨季

北部受東北季風影響，冬季為雨季；南部在冬季因東北季風被北部的山阻隔，所以屬於乾季；東部受東北季風影響，冬季為雨季，其影響程度越偏北越明顯。

另外，春天的梅雨季以及夏、秋的颱風季影響是全台不分區域，這段期間因天氣變化極快，若有安排行程要隨時留意氣象，尤其在山區，一定要養成隨時留意氣

受空汙影響時，
除了景觀不佳外，
也要注意
呼吸器官健康

象最新動態。

在高山部分，除了春天梅雨季以及夏、秋颱風季與平地相同外，海拔超過2000m後，冬天的東北季風影響轉小（尤其是過了中部），因此冬天高海拔地區除非是有強烈的冷風、寒流，否則天氣大多都不錯。

● 空汙

近年深秋之後一直到春天，空汙不時影響全台灣，大約在苗栗以南開始，因地形因素而較為嚴重。由於空汙影響不限於平地，有時中海拔地區仍無法倖免，因此只有被動準備口罩等裝備，或是避開空汙

太重的日子安排騎車，甚或是把旅行的區域調整到空汙影響小的東部或高山地區。

關鍵
2　人文

如果喜愛台灣的多元文化，事先了解各族群所在區域，會對於遊程規劃上有相當的助益，這是我個人非常喜歡的模式。因為既然是人文，不同族群本來就會有不同的差異，例如語言、信仰、習俗等，然後又會因為與居住生活的環境結合，產生新的生命力。而我們騎車大多先由風景、地形開始，往往探索到最後，都會碰觸

到不同族群文化上的特色，因此後來規劃路程除了考慮路線難度、距離等物理上的條件外，在主題上大多會先以不同族群為範圍，抓出路線沿途會經過的族群生活領域，讓拜訪的景點試著往深度走，再搭配我們自己的生活經驗，一經學習與比較，很自然地會發掘出許多有趣且值得深思的人事物。

　　以下就是以台灣地理上分區，簡單地將族群做些描述，雖然無法很精確，畢竟各族群長年下來經過移動或相互結合，分界無法很清楚，但可以讓您在做路線計畫時有個初步的輪廓。

◉西部：閩南、客家

　　閩南人在整個西部平地除了桃園、新竹、苗栗外占大多數，因此騎車時初接觸有關宗教、美食、建築等幾乎都會和閩南文化有關，也最為普遍。而西部偏北的桃園、新竹、苗栗，以及高雄、屏東幾個特定鄉鎮，則為客家族群聚集的區域，範圍從丘陵地帶到台灣海峽側都有，除了語言外，騎車較容易接觸到的宗教建築、美食等，與閩南有明顯的不同。

　　也就是說，在西部移動，基本上就是在這台灣2大族群居地間移動，出發前適當了解，絕對可以增添許多旅行時意想不到的收穫。

◉東部：閩南、原住民、客家

　　東部從北部的宜蘭到花蓮、台東，閩南、客家也占有極大比例，但大多是由西部先後移民而來。世居於此的族群以原住民居多，當然原住民也有不少在近代因為各種因素有大幅遷移的情況，這些變動往往是騎車時可以多加探究的內容。

◉山區：原住民

　　台灣16個原住民族中，排灣族、泰雅族、布農族、太魯閣族、魯凱族、鄒族、賽夏族、賽德克族、卡那卡那富族、拉阿魯哇族分布以山地居多，因此在台灣的山上騎車，最會接觸到的當然就是各原住民族的文化，而因為族群眾多，各自有其獨立的特色，是台灣單車旅行極為迷人的領域。

騎車前往參加原住民祭典，也是一種很棒的單車遊程

　　另外還有阿美族、噶瑪蘭族、卑南族、邵族、撒奇萊雅族、達悟族（雅美族）、等分布於日月潭及花東，也是各自有極為獨特的魅力等著大家去體會。

◉外島

　　台灣離島眾多，島上的族群也很多元，目前可以騎車的島嶼大致上為：蘭嶼／達悟族（雅美族），澎湖、金門、馬祖、小琉球、綠島（部分島嶼原本有原住民，但現今以閩南人為主）。由於有海洋阻隔，以及距離歐亞大陸遠近和歷史因素，幾乎可以說一島一特色，所以前往造訪時也務必先多了解。

◉北部公家機關、北高現有或舊軍區附近

　　國共戰爭後，外省族群大量移民台

灣，其生活區域與公家機關、軍區最有關聯，分布較多的有台北市大安區、松山區，新北的永和區以及高雄的左營區（但占該區人口數不高），有些分布以眷村為主，很適合以單一主題前往造訪。

台灣70%是山地，有5大山脈以及大屯山系縱貫其間，在登山界有極為知名的百岳，讓山友一座座攀爬而親近這塊土地。2007年一大波單車熱潮後，單車客也開始大量地以單車踩踏於崇山峻嶺之間，因此認識與這些主要山系有關的省級公路系統，是旅行台灣的快捷途徑。以下即是以山系來羅列幾條主要省道，讓您可以有另一種切入路線規劃的角度。

●大屯山系：台2甲
●雪山山脈：台9、台7、台7甲、台8、台21、台14、台16
●中央山脈：台8（至2020年截稿前，上谷關到德基路段仍管制）、台9、台7、台7甲、台14甲、台20（至2020年截稿前，天池至向陽仍封閉）、台24
●海岸山脈：台11、台11甲、台30、台23
●玉山山脈：台21、台18、台29、台20
●阿里山山脈：台18、台3、台20

關鍵
4 交通

小小島嶼上面居住了2300萬人，加上經濟發達，因此島上交通繁忙是必然，

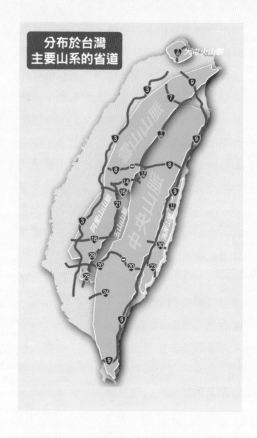
分布於台灣主要山系的省道

再加上機動性高的機車數量龐大，讓許多車友第一次上路總是心驚膽跳，因此以下分享幾個在台灣旅行會遇到的主要交通工具，該如何應對的基本技巧。

◉機車

單車與機車路權相似，也就是機慢車可以走的道路，單車也可以走，但由於機車車速快，因此建議車友原則上靠右側，但毋須騎到路肩線之外，適當保留足夠讓它們超越的空間即可。但若道路狹小則沒有必要過度靠外側，因為單車擁有路權，且狹小的道路太靠右反而易產生危險。

雖然在公路上騎單車得與許多汽機車

共道，但實際上汽機車駕駛相互之間，會共同遵守肉眼看不見的規則，因此騎士們只要在較寬廣道路上，適當地與相對速差大的汽機車維持距離，然後遵守交通規則，在台灣仍然可以享受騎行的樂趣。

◉ 蘇花的砂石車

如果打算騎蘇花公路，由於常會遇到砂石車，車友往往會被其巨大的聲浪驚嚇（尤其在隧道內），但蘇花的砂石車通常不會開很快，因此只要確定自己有被駕駛看見，基本上不會有太大的危險。但若遇到趕時間的大車，則除了要注意後方來車，也得在過彎處提防對向來車過中線，也就是在過彎處不要騎靠路中央，即便您維持在順向車道內。

◉ 中、北橫的菜車、貨車

如果打算騎中橫、北橫，或中橫宜蘭支線、中橫霧社支線等省道，甚至是北宜公路，常常會遇到高速的菜車、貨車，這時可以做的，就是儘量留意甚至停下（通常很遠就會聽到它們的引擎聲），雖然您可能百般不願，但為了安全還是要很注意。

◉ 省道公路的貨櫃車、大貨車、砂石車

在靠濱海的省道公路會有許多貨櫃車、大貨車甚至砂石車，由於道路寬廣且為多線道，既便您騎在慢車道，

遇同向大車時，要留意因速差形成的劇烈氣流

由於這些車輛在這樣的路段上車速都不低，還是要特別留意它們超越時引起的亂流，避免因此造成騎乘控制不穩。

◉ 北宜公路、台3乙或特定路段的重機車

有些重機騎士會在特定路段來回玩車，由於容易有競速現象，有時會因彎道過度壓車或操控不慎滑倒，進而衝到對向，因此經過這些特定路段要眼觀四面耳聽八方，儘快通過以免產生危險。

## 關鍵 5 資源

除了民生問題，飲水與廁所是單車旅行時隨時會使用到的資源，由於台灣單車旅遊盛行，因此許多公、民營單位均相當友善單車客，這2大項免費資源並不難取得，以下是列舉我們經常利用的資源，提供您參考。

◉ 免費廁所

超商、加油站、客運轉運站、火車站、遊客中心、廟宇、教堂、公園、警察局、公家機關等。

◉ 免費飲水

廟宇、警察局（鐵馬驛站）、遊客中心、客運轉運站、火車站、部分公家機關等。

不管是以單車來旅行或是運動，體力、技巧、經驗都會慢慢累積，隨著出門次數增加，越能與環境社會產生互動。上述就是一些經驗的分享，希望有助於您在規劃屬於自己的行程時參考。

# 我們的
# 環島1號線
# 風情畫

**從** 2006年開始接觸單車這項運動後，在許多次旅程中偶遇環島車友，不管是在地車友、陸客或是外國人，太太Toby總是熱情地幫他們加油，看在眼裡，知道她心中深處應該有個環島夢，只是問過幾次想不想環島，她總是說：「騎單車不見得要環島，台灣還有那麼多路線，我都已經快騎不完了。」但眼神不會騙人，只不過還沒有一個充分的動機（或是藉口吧）可以展開真正的環島行動。

## 為什麼要去環島

生平第一次環島，是以「環島1號線」為主要路線，會走這路線是起源於第一次要騎車回雲林老家，在地圖上畫出一條距離合理且方便由中和切往新竹濱海的路線，發現與後來正式推出的「環島1號線」重疊度竟然非常高，尤其是三峽到竹北這段一般環島客比較不會選擇的路線，竟然會是「環島1號線」的路徑，加上之前在體育署辦的研習營演講，會中剛好有交通部相關單位的「環島1號線」說明，因此一直留意這路線動態。

直到2015年底「環島1號線」完成建置新聞出來後沒幾天，有次騎YouBike循著「環島1號線」指標由大稻埕進入河濱自行車道，結果在一處工地施工被迫繞道，自行車道封閉，但那時我已經因不留神錯過轉彎指標走錯路線，而這個美麗的錯誤，讓我興起一個想法：

> **這時是不是該起身去實走一次環島1號線，看看這條花了大筆經費的單車國道，是否合符單車人的需求與期待。**

一時之間藉口與動機同時出現，站在路邊立刻打電話給Toby說明想法，由她回應時帶著很開心的口氣，確認了她真的想去圓夢。

事後經過與好友台灣雲豹徐正能總經理以及Toby幾次討論，很快地就決定這次行程，產品經營方向把旅行視為重心的徐總，也特地準備了一台630管材，裝上平

把更適合旅行的Cyclo Cross，讓我作為這趟旅程的產品實測。就這樣，以單純的路線來串起我們已知的景點，再加上一些想去的小地方，就是我們環島路程計畫。

旅程規劃背後，除了多了勘查環島1號線路況外，其實最難的是我們打算拍出一部完整的環島紀錄片。環島拍影片紀錄和拍照不太一樣，因為拍照可以隨時捕捉想要的畫面，而拍影片則需要先規劃才能知道如何運鏡錄取想要的片段，因此路程要盡可能單純且能事先確認，才能有充裕的精神準備拍攝事宜，所以這次的環島，可以說是一次由影片計畫來串起我們的行程。

### Day 0 出發前的準備

因為多年來常常騎車在外過夜，本來就有準備攜帶裝備的Check List，比較特別的是將Toby的剎車片換新（如圖，換下的來令片雖然厚度還充足，但由於這次是長天數騎車，換新比較保險），讓2台單車都可以處在最佳狀

況時出發。

除了攝影裝備、換洗衣物等，在準備期間認識了一位剛騎完非洲的朋友，他是一款路線規劃App的設計成員之一，這款為單車客設計的App讓我頗為驚豔，一時之間有種是專門為我量身訂做的感動，因此決定接下來9天，就以這款App來記錄路徑，每天做完紀錄後加上圖文並立刻在Facebook上分享，也等於幫他們測試。

## Day 1 我們真的在環島了！

### ◉ 前進環島1號線

大年初三清晨六點，我們一切準備妥當，由家裡直接出發，開始進行預計9天的環島旅程。由於第一天體力較佳，因此今天里程拉得比較遠，目標是要騎到台中大甲。出發後先進入新北端的河濱自行車道系統，準備前往華江橋下的環島1號線，今天天氣是台北難得一見的晴朗，我們小熱身後剛好趕上日出，這樣超難得景象，等於預告了這次環島會有大豐收。

賞完日出來到華江橋下，這裡開始算是環島1號線的開始了，預計9天後將回到這裡。早晨的太陽斜射下，帶出一種兩人要去環島的剪影，有種好歡樂的感覺，不

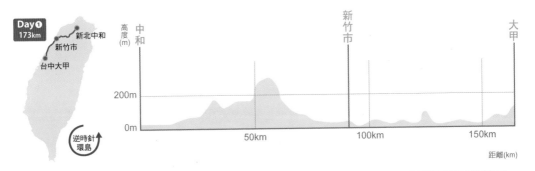

Day❶ 173km 新北中和 新竹市 台中大甲

逆時針環島

Day 1 新北 🚲 大甲，173km

| Plan | | |
| --- | --- | --- |
| 06:00 新北中和 | | 14:15 新竹火車站 |
| 08:00 三峽祖師廟 | | 17:00 好望角 |
| 09:25 桃園大溪 | | 20:00 大甲鎮瀾宮 |
| 11:00 石門水庫 | | 住宿：大甲紅磚小屋，費用1900元 |
| 12:45 新埔義民廟 | | （春節假期費率） |

過到目前為止都是很熟悉的自行車道，因此心理上倒還沒感覺到真的是在環島。

◉ 走春行程

循著指標進入台3線，距離標示上提醒離新竹61km，距便利商店5km，不過出來騎車哪有早餐在便利商店解決的道理？因此兩個有默契地約好，要騎到大溪再吃早餐，而且是要找有在地特色的早餐。

三峽祖師廟

不過要大溪之前，我們在三峽祖師廟拜拜。這次為了準備環島，今年沒有回家鄉過節，而今天是初三，理當到廟裡走走。由於第一天的路線上有不少台灣具代表性的廟宇，因此行前已經將第一天規劃為走春行程，除了第一站的祖師廟，接下來預計還要到新埔褒忠亭義民廟、新竹都城隍廟、白沙屯拱天宮、大甲鎮瀾宮，每一間廟宇都是地方上香火鼎盛的信仰中心，有些甚至是古蹟等級的歷史建築。希望這樣的安排，可以為我們提供一種新角度體驗這條原本熟悉的路途。

走訪過三峽祖師廟，進入一段山路後來到大溪，原本期盼的幾間在地小吃都沒開，在傳統街市中好不容易找到一攤肉圓，點好坐下來剛要開動，就聽到老闆娘對後面來的顧客說：「不好意思，賣完了！」一瞬間，眼前這碗就是很平常餡料的肉圓，美味立刻提升數倍。

吃完早餐體力恢復，在前往預計要去的蔣公行館以及武德殿時，想起很久沒有去找Toby的舅舅了，她舅舅在大溪老街附近經營一家百年打鐵店，這裡有Toby許多的兒時記憶，雖然沒有事先聯絡，但趁春節造訪似乎再好不過了！

在歷史的軸線中，曾經是原漢交會的大溪，剛好可以透過單車來重新看見它的位置。這裡除了眾所熟悉的老街、豆干，來到大溪中正公園中的原大溪公會堂、武德殿，看看一些歷史的痕跡，多少可以對這塊土地有更深一層的認識。

拜完年離開大溪接著來到石門水庫，

石門水庫

由於石門水庫就在環島1號線旁（也就是台4線旁），入園單車和人是免費，而且我們非常喜愛水壩旁的楓林大道，雖然這時已經沒有楓紅，但不管是春夏的翠綠還是深秋的豔紅，或是這時藍天下光禿卻蓄勢待放的枝椏，都是攝影的好題材。

走完大溪、石門水庫時間有點超過預期，因此開始進入趕路模式，到達新埔時已經十二點多，雖然已經過預定的時間，但還是要繞去褒忠亭義民廟。因為環島1號線第一天沿途會經過不少以客家為主的鄉鎮，感覺上沒去客家義民爺信仰中心好像就沒真的走過這段路，因此非去不可。

向Toby解釋我的想法後，立刻

忠魂不朽

盡忠報國

切入前往褒忠亭義民廟的岔路。簡單休息中，看見2個署名很特別的牌匾，寫著「忠魂不朽」的是昭和十六年由日本拓務大臣秋田清題贈，而寫著「盡忠報國」的，是台灣總督長谷川清所頒贈（也是昭和十六年）。2個牌匾皆是日治時期因推行皇民化，許多廟宇被廢廟引發客家鄉親不滿，日本統治階層藉由頒匾來平息不滿。

另外，這座桃竹苗客族信仰中心更詳細的歷史背景，非常推薦大家多加了解，因為褒忠亭義民廟除了是義民爺信仰核心，也記錄了歷史上多個重要事件，是看見台灣歷史一條重要線索。

● **另一種接觸土地的視角**

飢腸轆轆中過了頭前溪來到新竹市，原本想在新竹都城隍廟附近午餐，結果一到廟前整個傻眼，到處都是人，然後往市郊騎，想吃的小吃店卻又都沒開，結果最後的選擇竟然是大爆冷門的7-11。等吃飽休息夠，原本預計好整以暇可以在好望角等夕陽的計畫，因超過時間太多，變成一路在西濱狂奔，好不容易在太陽落海前來到後龍，爬上一個坡就是好望角，終於可以再休息一下了！

抵達好望角到處都是遊客，看到賣綠豆湯、茶葉蛋的阿嬤還在，趕快買杯綠豆湯解渴止飢，由於以前就曾經來吃過，因此Toby和她聊了起來，阿嬤表示，她煮的綠豆湯、茶葉蛋是許多人大老遠指名購買，甚至會跟她先預訂，Toby聽了不假思索地用台語回她說：

「我也是一試成主顧啊！（台語的說

法是：吃一次就吊住了）」

　　阿嬤一聽，剩下的綠豆湯不賣給別人
了，然後免費幫我們各續3杯，結果我們吃
到差點脹破肚皮，臨走再向她買幾個茶葉
蛋，打算留著晚上當夜點。

　　出門在外有時真的要靠張嘴，多問多
聊，得到收穫往往是出乎意料之外，我把
路線時程控制好，讓Toby可以盡情地與在
地的朋友互動，恰好提供我另一種接觸土
地的視角，就在這時刻，突然感覺我們真
的在環島了！

**綠光海風
自行車道**

　　向阿嬤告別後，順著一條很棒的祕徑
滑下，途經過港貝化石層後，進入苗栗綠
光海風自行車道，續往白沙屯拱天宮（在
此補充一下，原本在好望角要等日落，但
下午雲已經起，且傍晚時太陽完全被遮
住，因此放棄等日落的打算，吃完綠豆湯
直接下山）。

　　來到拱天宮雖然天色已暗，但依舊是
信徒攜家帶眷絡繹不絕，簡單在外合掌拜

**白沙屯
拱天宮**

拜後，準備進入台1省道（也是環島1號
線）完成今天最後一段了。對了，原本也
有規劃若是很早就到達好望角而沒有等日
落，便打算要去通宵神社看看，但這時已
經天黑，人也有些累了，因此就不進通宵
市區直接往苑裡、大甲前進。

**大甲
鎮瀾宮**

　　或許是阿嬤3杯綠豆湯和拱天宮媽祖的
加持，讓我們今日最後幾十公里的夜騎很
輕盈地完成，晚上八點終於抵達大甲鎮瀾
宮，雖然離民宿還有一段路，但心情整個
放鬆了下來。在街上找到一家排骨麵當晚
餐，老闆剛送上來後，聽到外面來了一組
客人也是點排骨麵，老闆回他說：

　　「不好意思，排骨麵剛賣完，要不要
吃別的⋯⋯」

　　Toby聽到對話，對我做個鬼臉，沒想
到我們今天連續遇到三次吃完就沒了的狀
況，真該去買彩券了！

　　一天下來一百七十幾公里也實在有點
累了，來到春節前就預訂好的民宿，很快

地將車衣褲換下洗好並脫水，檢查單車沒有什麼異狀，確認好明天的行程後，一上床沒幾秒就失去知覺。半夜聽到窗外稀哩嘩啦下大雨，一時之間不知道真假，就當成是做夢又倒頭睡了。

# Day 2 返鄉之路

## ◉ 一路南下，且戰且走

昨晚下了一場雨把我從睡夢中吵醒，早上起來才知道下得不小，不過幸好已經漸漸轉小，看起來應該不久就會停。今天行程相較昨天單純很多，由大甲一路南下穿過台中、彰化、雲林、嘉義，目標台南鹽水，這樣的安排是希望今晚能在鹽水看藝術花燈，不過由於沒有預定，且網路上找不太到適合的民宿，萬一無處可住，住

宿點就改成新營，簡單地說今天就是且戰且走，而且有可能又要夜騎。

在位於市郊的民宿打理好行李，先騎回市區的鎮瀾宮，向媽祖拜過後在這裡錄了一段出發畫面，不過拍完沒馬上出發，

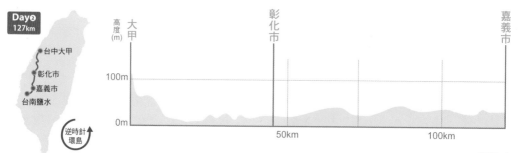

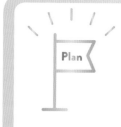

Day2 127km

台中大甲
彰化市
嘉義市
台南鹽水

逆時針環島

高度(m) 大甲　　　　彰化市　　　　　嘉義市

100m

0m

　　　　　　50km　　　　　　　100km

距離(km)

Plan

**Day 2 台中大甲 🚲 嘉義市，127km**

| | |
|---|---|
| 07:20 台中大甲 | 15:50 嘉義民雄 |
| 09:35 追分車站 | 17:30 嘉義市區 |
| 10:45 扇形車庫 | 住宿：嘉義市嘉新旅館，費用1800元 |
| 13:20 西螺大橋 | （春節假期費率） |

而是在街上找地方吃早餐。

昨晚到達大甲後，就發現可能是因為鎮瀾宮吸引各地來的信徒參拜，鎮瀾宮周邊有營業的商家很多，因此在附近找吃的應該不難。果然，兜了一圈看到一家「一品香水煎包」（https://goo.gl/maps/XRjke1sHDHx，離鎮瀾宮很近），看起來有許多在地人來購買，直覺應該是一家名店，買了幾個水煎包直接站在路邊品嚐，果然好吃。

吃過道地的在地早餐心滿意足地踏上行程，由大甲往南後，環島路線大致分為3條，一是繼續走縱貫線，即是台1線省道，也是環島1號線所依循的主要路線；二是過大甲溪後右切台17線的西部濱海公路，會沿著台灣海峽南下；三是在彰化市往台19線，走介於台1線與台17線的這條中央公路，3條省道最後會在台南市陸續交會。

我們既然要走環島1號線，當然就是順著台1線走，由於台1線經過西部許多繁榮的鄉鎮市，車流較多，景色不若第一天多元，因此我們除了繼續到廟裡走春外，多加了個主題，就是要拜訪沿途與火車有關的景點。

◉ 拜訪特色車站

離開大甲後第一站是位於台中大肚的

追分成功

追分火車站，追分是海線鐵路上僅存的5座檜木造車站之一（5座車站分別是談文、大山、新埔、日南、追分），採用洋和風建築樣式，Toby特地買了一張「追分成功」留作紀念，我想她不是要「追婚」成功，而是想環島成功吧……

其實後面會經過的木造車站（我們去過的還有台南的後壁站、林鳳營站）都在環島路途上，把拜訪有特色的火車站當成環島樂趣之一，是個不錯的安排。

繼續向南行來到彰化市，在這邊暫時脫離環島1號線進入市區，來到著名的彰化扇形車庫，台鐵彰化機務段動力車庫興建於1922年，軌道由車庫外展如一面扇子，又稱扇形車庫，是日治時期留下的鐵路古蹟，現今仍運作中。

今天是春節假期的初四，車庫裡熱熱鬧鬧，雖然因此拍照比較難，但難得有這麼多人也挺特別的。在扇形車庫待了一下，離開後又開始為吃的傷起腦筋，由於

彰化
扇形車庫

還在春節假期，彰化已知的幾家道地小吃可能都沒開，所以我們只能邊騎邊找，一直騎到員林，才在路邊發現一個看起來不錯的路邊攤，趕緊坐下來好好吃一頓。

### ◉ 充滿童年回憶的返鄉之路

午餐後續奔往雲林，這時氣溫

西螺
大橋

已經升高，雖然水壺裡不缺水，但天氣熱就會想吃冰，由於我們已經順利騎回到西螺，先來福興宮和媽祖說一聲。廟附近賣的大多不是道地食物，因此我們繼續前往附近的老街，終於在老街找到冰涼粉粿豆花，可以坐下來稍微降降溫。

西螺
福興宮

西螺鎮內有2間媽祖廟，剛剛那間是大家耳熟的福興宮，台語稱為「太平媽」，是大甲媽祖繞境必經的大站，但我小時候常去的是另一間我們稱「新街廟（台語）」或「老大媽（台語）」的廣福宮，

西螺
廣福宮

因此這次環島經過，我們當然要到廟前合掌祈求此行順利平安。

回老家拜過祖先後，我們離開西螺繼續順著環島1號線向南行。

對於大多數環島車友而言，雲嘉的省道可能會覺得比較無趣，但對於我，雲林充滿童年純真的記憶，對於我和Toby也是騎車多年唯一沒走過的一段，因此這時騎在這裡有很不一樣的感受。

這段路遇見幾位也是在環島的朋友，由於環島路線就那幾條，腳程差不多的人很常在途中遇見，與這幾位車友就是這樣，自雲林後好幾天都在路上遇見，結束環島後也因此一直保持聯絡了。

## ◉ 天上掉下來的大禮

離開西螺後沒有休息，在平緩的台1線拉高速度往南，途中在嘉義民雄停下來，吃了著名的民雄包子（就在路邊），休息一會兒繼續上路，沒想到在嘉義市前不遠遇到了一場大雨，幾十分鐘過去後已經下午四點半，雨沒有要停的樣子，在路邊利用手機查詢晚上降雨機率，確定雨會下到晚上。

雨不會停、鹽水住宿沒有訂，在這兩個不利的條件下，我們決定明早再去鹽水，今晚改成在嘉義市落腳吧！有了結論，趁雨勢稍小穿上雨衣，繼續往嘉義市前進。

傳統旅館住下來，旅館貼心地讓我們將單車牽入房間內，不過這家旅館不提供脫水機，因此只能到旅館對面的自助洗衣店洗車衣車褲，好不容易搞定一切，開始上街解決民生問題，在旅館服務人員指引下往夜市前進。

嘉義市內的阿里山森林鐵路車庫園區是今天鐵路主題的第3站，原本沒有抱太大的期望，因為前兩天在網路新聞看到假期中園區遊客爆量，所以只是順路進入看看，沒想到下午一場超大的雨把遊客全部趕跑，園區空空蕩蕩，只有小火車忙著進出調度，而且雨後空氣乾淨，顏色對比高，對於要拍影片的我們，天上掉下來的大雨變成是大禮，實在是太意外了！

阿里山森林鐵路車庫園區取完景天色漸暗，雨中在火車站找了一家

好不容易看到一家店還有營業，我們點了米糕，店員送上來後，Toby一看說：

「啊……我們是點米糕，可是這是滷肉飯吧？」

旁邊的老闆說：

> 阿里山森林鐵路
> 車庫園區

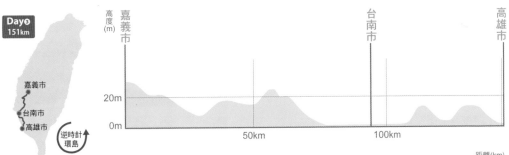

西市米糕，大推！

「你們沒吃過喔，我們米糕是白色的啦！」

更絕的是，老闆回答我們後，後面又來一位朋友要點米糕，老闆對他說：

「歹勢啦，我們米糕賣完了！」

## 走在不一樣的台南

### ◉ 越過北回歸線，前進台南

昨天下午一場大雨把我們留在嘉義市區，這場雨一直到早上才停，甚至剛離開

旅館時都還飄著一點雨，不過抬頭往四周看去，雲已經漸漸散開，晚一點應該會放晴，且依照氣象預報來看，甚至溫度會飆高。

原本昨天要去的台南鹽水改成今天一早繞過去，然後取消進入台南府城的計畫，改成穿過市區後直接前往高雄市，這樣的修正除了要節省時間外，台南剛遭逢大地震，新聞報導提到許多地方都還停水，且台南一天根本也玩不完，應該專程安排時間來。早上隨口塞點餅乾就直接出發，我們打的主意是到鹽水再找當地的傳

Day❸
151km

高度(m) ｜ 嘉義市 ｜ 台南市 ｜ 高雄市

20m

0m

50km ｜ 100km

距離(km)

嘉義市
台南市
高雄市

逆時針環島

**Day3 嘉義市 🚲 高雄市，151km**

| | |
|---|---|
| 06:20 嘉義市 | 19:00 高雄市區 |
| 08:27 後壁菁寮 | 住宿：高雄市元威旅館，費用1800元 |
| 09:40 台南鹽水 | （春節假期費率） |
| 14:50 台南市區 | |

Plan

統早餐，萬一又因春節假期沒開，至少途中不怕沒有超商。

北回歸線紀念碑
（嘉義水上鄉）

南靖糖廠的
戰鬥機

想好計畫後，離開嘉義市區順著台1線（也是環島1號線）往南，經過水上鄉的北回歸線紀念碑、南靖糖廠（也是水上鄉，這裡有戰鬥機可以看），沒有多久的時間越過八掌溪，正式進入台南市的行政區。

這裡補充一下，雖然行政區已進入台南市，但要到大家熟悉的台南府城地區還很遙遠，台南府城位於大台南的西南角，到了府城等於很快就可以進入高雄了。

進入台南，四周都是剛插秧不久的田野，土堤內盛滿由嘉南大圳送來乾淨的水，不久將孕育出香甜飽滿的稻米，我們循著一畝畝相連的田，經過電影《無米樂》中的菁寮，然後前往昨天來不及到達的鹽水。進入菁寮之後，甚少到南部的Toby，興奮地指著她覺得很新鮮的景象說：

● 跨時空驚奇之旅

到達菁寮街上才八點半，街上沒什麼人，大致拍了到此一遊的照片正打算離開，Toby看到十字路口有賣水果，趨前問價錢，熱心的老闆娘推薦我們應該晚上去鹽水看花燈，又問我們有沒有去過旁邊那家鐘錶店？

「鐘錶店？裡面有什麼特別嗎？」我好奇地問。

「有喔，阿伯店裡都是古董鐘錶，你們一定要去看，他現在應該已經開門了，去絕對不會後悔的。」老闆娘繼續熱情地介紹著。

轉個彎果然看到一家不起眼的鐘錶店，玻璃門是關著的，我們站在門口往內

❝ 這戶人家
院子內是種稻子喔！❞

端詳，的確有不少老鐘。

　　這時一位老伯從屋內走出來示意我們可以進入店內，結果就此展開了半個多小時的跨時空驚奇之旅，真的是跨時空，因為店內的古董時鐘真讓人有回到未來的錯覺呢。

菁寮瑞榮
鐘錶店

　　菁寮瑞榮鐘錶店的瑞祥伯耐心地一一介紹店內的珍品，讓我們長了許多鐘錶的知識與見識。聊到最後，瑞祥伯向我們展示他另一樣專長，這讓我更加佩服得五體投地，那就是他也是一位長跑愛好者。除了櫥窗內擺滿的獎牌獎盃，他拿出一個提袋，裡面收集了大大小小賽事的號碼牌，實在是令人驚訝，這也難怪水果攤老闆娘會向我們強力推薦，瑞祥伯果真是難得一見的奇人啊！

　　離開瑞榮鐘錶店在菁寮大致逛了一下，沒有看到有適合的早餐，決定繼續往鹽水再說了。

◉ 鹽水隨處晃蕩

　　到了鹽水，由於路順，先到每年舉鹽水蜂炮的武廟拜拜，接著來到非常特別的鹽水天主堂，這裡我以前曾經來過，今天特地帶Toby來瞧瞧。

放好單車進入教堂，Toby果然對裡外滿是中國風格的彩繪充滿驚奇，這時一位義工（一位平時在學校任教的老師）來為我們解說，解釋教堂會有這樣的風格，是在1960年代大公會議決定，天主教堂要合乎各地的風俗民情，因此這教堂才會有這樣的樣貌。

經她這麼一解說，讓我想起：的確，在台南市和雲林，我們都見過類似中國風格的天主堂。

鹽水
天主堂

一晃眼已經十點了，到現在還沒吃早餐，晃過鹽水幾處景點，例如月津港（花燈）、八角樓，開始認真找吃的，在路旁看見一個阿伯在賣雞蛋糕，長長的人龍令我們好奇，這時小攤旁邊剛好有賣鹽水意麵，肚子已經餓扁的我們不再堅持要找名店，有得吃就好。

吃了一會兒，攤前有位女生向後面的人喊：「後面不要再排了，已經快賣完了！」

正納悶時，意麵老闆娘幫我們解惑：

「阿伯的蛋糕是用木炭現烤，是限量的，晚來就沒有了啦！」

我們吃的這家意麵雖不是名店，但大大一碗意麵外加一碗羹，料好又實在，我已經完全滿足了！Toby則是只點一碗羹，表示要留肚子吃點別的。

鹽水意麵攤子後面賣帆布的老闆，看到我們是外地且騎著單車來，和我們天南地北聊了起來，還特地介紹他們店內的暢銷產品——鹽水蜂炮特製的防護衣，一整套從安全帽到棉布大衣，背後及頸部再加上一層帆布，已經有太空衣的架式了。

鹽水蜂炮
防護衣

◉ 嘉南平原最美的藍帶

吃完上路，雖然在趕路，但經過嘉南大圳最靠省道的這段還是繞進來小騎。我們走的是台1省道轉入171縣道（往社子方向），與省道平行往南，到渡頭溪、渡仔頭溪渡槽橋大約700m的一小段。

嘉南大圳是台灣日治時期重大水利工程，近百年來默默地灌溉嘉南平原這塊沃土。

嘉南大圳
南線

越市區，因此一見到人，我們心情整個完全放鬆，今天的行程等於完成了。

到高雄又是吃東西又是聊天，今天又是快樂一整天，想到明天要到旗津，已經開始期待那裡的漁產小吃啦！

高雄愛河

進入台南，先去後壁菁寮看看由它所孕育出的綠田稻野，然後騎在這條嘉南平原最美的藍帶旁，緬懷先人在這塊土地的努力，我們帶著汗水和更多美麗記憶，繼續踏上環島的旅途。

依照環島1號線指標，在西拉雅大道轉往南科園區，然後進入一大段自行車道（山海圳綠道），最後接上台17線進入台南市區（就是舊制的台南市），由於今晚預計要到高雄市，且要去拜訪一位親戚不能太晚到，因此在台南市沒有停留，甚至也沒有用餐，和一位事先約好的車友春梅會合，由她領騎繼續往高雄前進。

邊騎邊聊中進入高雄地區，春梅帶我們來到興達港附近一家叫「邵陽燒餅」的名店，路上遇到的另一位在地車友楊昕（臉書名稱），也一起在此休息吃燒餅聊天。

離開燒餅店不久與春梅告別，一路南下趕路，終於在天剛黑時進入市區，去拜訪在高雄一直非常照顧我們的長輩後，與好友曼波魚會合。

由於明天計畫要到旗津，原本有點煩惱夜間必須在高雄騎車找路，且還要找住處（沒有先訂房），幸好曼波魚是高雄人，春節期間正好返鄉，知道我們在環島，特地騎著單車和一位車友帶著我們穿

YouTube
影片紀錄

這是我們去年多次騎訪大台南所拍攝的影片，看過後就可以知道我為何會說「台南一天根本也玩不完」，如果要來，至少排個3天才夠看！

**看著藍天，聞著遼闊的風－我的台南單車感動地圖**
https://www.youtube.com/watch?v=v_NZzRwzm9o

## Day 4 國境之南

◎ 暖陽、海風，美麗的高雄我們來了

　　昨天有曼波魚和她朋友領路，我們在鹽埕區順利找到住處，由於今天目標是車城或四重溪溫泉，距離僅約100km上下，因此不急著趕路，早上在旅館用過餐順愛河小騎一段後，準備前往

鹽埕街景

**Spot**

**西子灣隧道**

開鑿於日治時期的「西子灣隧道」，為連接西子灣、中山大學與哈瑪星（鼓山區一個地名）的要道。

西子灣。

　　今天計畫在鼓山渡輪站搭渡輪到旗津逛逛，騎到中洲渡輪站再搭渡輪回市區，然後沿台17線接台1線往南進恆春半島。以大好的天氣和我們心情狀態來形容，今天就是個標準的「陽光行程」，環島第4天，美麗的高雄我們終於來囉！

　　冬日暖暖陽光下，我們穿過市區騎經**西子灣隧道**到達高雄港口旁的西子灣，在觀景台上吹海風，仰看高高在上的旗後燈塔，要不是在環島，真想賴在這裡看一整天的船，吹一整天的風。

　　由鼓山渡輪站搭上渡輪，一會兒工夫渡過高雄港到達旗津，先前往旗津天后宮拜拜。由天后宮前許願牆上琳瑯滿目的紙

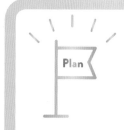

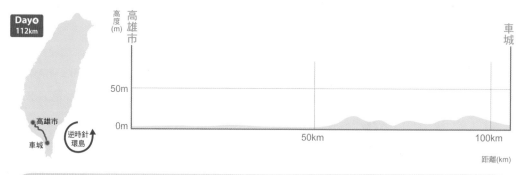

**Day❹ 112km**

高雄市　車城

逆時針環島

高度(m)　距離(km)

50m　0m　50km　100km

---

**Plan**

### Day4 高雄市 🚲 屏東車城，112km

| | |
|---|---|
| 07:30 高雄市區 | 16:40 屏東車城 |
| 08:30 旗津輪渡站 | 住宿：車城「上帝的家」民宿，費用 |
| 12:00 屏東東港 | 2200元（春節假期費率） |
| 16:00 枋山楓港 | |

山頂為扼守
高雄港的旗後燈塔

卡，可以發現這裡已經是很國際化的觀光景點了。

旗津是高雄知名景區，而且現在是春節假期，我們怕來晚了會人山人海，因此吃完早餐就搭渡輪過來，八點半的旗津大

街沒有太多遊客，沒有叫賣吆喝聲，也沒有嘻笑聲，只有商家、攤商可能是歷經連續假期的操勞，帶著略顯疲憊的眼神準備著一天的忙碌。

換個場景來到旗津魚市場，這裡已經是熱鬧滾滾，新鮮且超值的漁獲就擺在地上任人出價選購。我們雖然無法帶走什麼，但仍然認真地逛了一遍，問問漁民朋友價錢、料理方式，最後在魚市場買包花枝炸物，撒上胡椒鹽，嚐嚐濃郁的在地幸福。

逛完旗津，由中洲渡輪站再度搭上渡輪回到市區，接著就要開始下半場的連續騎車路程，雖然距離不算太遠也沒有爬坡，但今日陽光很強，且預報是冬日少見的西南風，希望不會太難搞。

來到中鋼公司一帶的工業區，這裡大型車極多，空氣也不佳，但幸好快慢車道

有分道且另有劃設自行車道,因此騎起來不致於太有壓力。

### ◎ 冬日裡的熱帶南國風情

熬過工業區車多及空氣較差路段進入屏東,屏東第一站是東港鎮,除了先來一碗冰涼的刨冰降溫解渴外,也來到東隆宮附近吃一碗很特別的肉粿。肉粿可以說是我們生平第一次吃到的小吃,除了應有的粿之外,還添加了香腸、櫻花蝦等食材,然後撒上一大把香菜,香氣四溢。只是這裡天氣已經很熱,食欲受到影響,所以兩人合吃一大碗(春節期間只賣大碗)就已經撐了。

離開東港後順大鵬灣靠台灣海峽側繞

半圈,接回台17線(也是環島1號線)繼續往南行。

過了枋寮接上台1線,開始進入恆春半島後,景色漸漸開闊,左邊是中央山脈尾段,右側是蔚藍台灣海峽,迎面而來暖暖西南風帶著海的味道,這時雖是冬天,但看到聞到盡是熱帶南國風了!

隨著陽光漸漸西斜,今天行程進入尾聲,我們即將進入車城,原本有考慮要多騎一些路,到山區的四重溪溫泉住宿,不過看到對向車道因假期即將結束出現車潮,要在四重溪溫泉找住的地方可能不容易,因此決定先到車城看看,若有得住就停,沒得住再往四重溪邊騎邊找。

進入車城市區先到全台最大的土地公廟福安宮拜拜，然後嚐嚐在地特產綠豆蒜解渴，吃完綠豆蒜以手機地圖搜尋，在附近順利找到一家名為「上帝的家民宿」，既然這裡有得住，且就在車城市區附近相當方便，因此決定今天就在這裡落腳啦。

車城福安宮

### ● 捕捉萬里無雲的夕陽美景

入住民宿後和Toby兵分兩路，她先梳洗並整理行李，我則抓起攝影器材衝到車城海灘，因為今天是下一波寒流報到前難得的大晴天，乾淨無雲下的夕陽是絕佳攝影題材，不拍太可惜了。

雖然海邊的風已經吹得我頭都昏了，但今日夕陽的確夢幻，完全不虛此行！

在路途上2次遇到幾位也在環島車友，他們今天也住在車城，因此拉著他們到車城一家以前來吃過的海產店「真好味餐廳」一

車城夕陽

起晚餐，這家店雖不起眼卻是一家老店，料理好吃又平價，人多一起吃更划算。

一夥人開心地聊著幾天來騎車的見聞，度過愉快的一晚。

晚上上網查詢天氣預報，看起來明天越到東部後就有可能變天（明天要由199道路經牡丹往壽卡），且會越來越冷，如果不意外還會遇到下雨，這真的不太妙啊！

## Day 5 迎向第一道陽光

### ◎拜訪東南亞最大的土地公廟

今天是春節假期最後一天（2016年2月14日，週日），起床後到福安宮走走，一大早就有信眾以他所認為的虔誠方式，大開車上音響播放廟會音樂，然後抱著神像入宮祈福。

趁著一早人少，進到宮內一看，這個號稱全台甚至東南亞最大的土地公廟果然金碧輝煌，在此虔誠合掌祈求接下來的路途順利。據維基百科所述，車城福安宮土地公廟的前身為「敬聖亭」，建於明永曆十六年

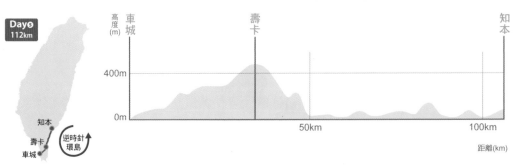

Day5 屏東車城 🚲 台東知本，112km

Plan

| | |
|---|---|
| 06:30 車城 | 12:40 大武 |
| 08:15 牡丹水庫 | 15:50 太麻里 |
| 09:40 東源 | 17:00 知本 |
| 10:40 壽卡 | 住宿：知本風行館民宿，費用2200元 |

（1662年）年間，歷史相當悠久，廟宇是採用中國北方宮殿形式構造，非常宏偉。

進到車城一家早餐店，沒有招牌，只有當地人會來，民宿的老闆特別推薦我們過來。這裡賣的只有一樣，看起來類似蘿蔔糕，但裡面是芋頭，這粿是以木柴燒火炊出來的，屋內牆邊堆滿著一根根木柴。炊好後再以人工一片片地在平底鍋裡煎黃，沾著蒜蓉醬油、辣椒入口，對於環島的我們，簡直是人間美味。

## ◉ 迎著晨光前往環島經典站壽卡

吃完早餐，跨上單車，準備迎向陽光升起的方向，今日目標是越過中央山脈尾段騎到台東市區。

我們迎著陽光進入199縣道，緩緩上升中經過改變台灣命運的牡丹社事件發生地——石門古戰場。

逆時針環島進入台灣南端要前往東部主要有3條路徑，第一條是最直捷的台9線，也是環島1號線的指定路徑；第二條是走台26線經恆春、墾丁繞往台灣最南端的鵝鑾鼻；第三條即是今天所走的199縣道經牡丹往壽卡接台9線（現為台9戊線），這條被列為環島環線，是今天所走的路線，也是我們非常喜愛的路徑。

今天清早天氣雖然晴朗，但騎經過石門時大半峽谷都還被山岩遮蔽，巨大的陰影下冰冷空氣讓人起雞皮疙瘩，迎面的風有如戰鼓聲呼呼作響，直到離開峽谷第一道陽光灑下，才再度回到明亮。

過了石門古戰場經牡丹水庫後199縣道開始連續爬升，經過了牡丹村、東源部落（水上草原、哭泣湖）等地，早上七點十分由車城出發，大約十點半已經來到最

高點的壽卡。

　　抵達這個台灣環島經典站當然要拍照留念，這時恰好有位住枋山的女生騎台9線練車到此，找我們一起合照，而幫我們拍照的，是另一位一個人環島的車友。

　　在壽卡休息一會兒準備進入台9線（9戊）下滑往台東達仁，不過在中途要繞經一條小路往南田村，這條路是之前走訪部落路線時曾規劃要走，因時間因素錯過的路線，這回趁環島剛好可以順訪。

　　下滑一段時間過了森永派出所不久，到了右側岔路，路口較之前多了個「達仁鄉人文景觀自行車道」的石牌，且有清楚的距離、坡度圖，由說明中得知前面有段約1.5km的爬坡，因此調整好檔位準備慢慢爬上去。

牡丹水庫

屏東縣牡丹鄉
牡丹村

東源水上草原
（牡丹鄉東源村）

壽卡
鐵馬驛站

## ◉令人屏息的蔚藍太平洋

　　這段「達仁鄉人文景觀自行車道」雖名為自行車道，但坡度不低，騎起來頗費力氣，不太適合體力較差的車友，不過景色很棒且不像台9線（9戊）有許多大車。至於更後面，在Google街景上有看到一處展望不錯的位置，原本擔心來到這裡已經變天，但目前仍然陽光普照，希望等等能有好收穫。

　　爬上最高點的眺望台看了一下，準備下滑往太平洋海岸……

「哇！」
「這裡好棒喔！」

下滑不久，一個超棒的展望台出現，我不禁驚呼起來！

這裡除了可以展望蔚藍的太平洋，往北清楚看到弧狀海岸線向北延伸，往南能眺瞰阿朗壹古道，相信若是能見度好一些，理論上蘭嶼也可能看得見，實在美得令人覺得不可思議。

這裡可以說是我們環島5日以來最大的驚喜。

在展望台待了許久，才依依不捨地滑入台26線進入南田村，而這裡又是一處美麗的排灣部落，由於台26線並沒有貫通到旭海，因此沒有汽車會進來，公路上安安靜靜，只有風聲夾著海浪拍打岸上的聲音伴著我們。

> 藍天下雲行風輕，我們騎行在台灣東南邊的太平洋海岸，繼續勾勒出屬於我們自己的環島夢！

離開台26線進入台9，經過大約半小時餓著肚子頂風前進，來到大武漁港旁海產餐廳午餐。由於此時很燥熱，所以只點一道魚皮冷盤以及一大碗鮮魚湯，可能實際上是很餓，料理得又好，因此吃起來覺

得勝過滿桌大餐。

一路往北進入太麻里，天氣開始轉陰也起了風，感覺上隨時會下雨，不過一直到我們抵達知本，雨都還沒下。抵達知本，原本想到溫泉區找住的地方，但想到溫泉區晚餐不方便，且很想嚐嚐已經多年沒有去的知本黑松羊肉爐，因此在離市區不遠往溫泉區路上找到一家新開張的民宿住了下來。

今晚住宿的民宿老闆也愛騎單車，看到我們騎單車投宿，直推薦民宿後方有不錯的路線可以騎，那裡晚上還可以欣賞台東夜景，如果有興趣，可以開車帶我們上去。可能是騎了幾天車累積了一些疲勞，

加上黑松羊肉致命的吸引力，我們婉拒了他的好意（畢竟還有幾天要拚啊），還是匆匆洗過澡就騎著單車衝去吃羊肉爐了。

在知本的黑松羊肉爐望著一鍋美味的羊肉爐，我和Toby說：

「這趟環島，似乎一路都在吃，而且騎車這麼多年從來沒有吃這麼多美食，難怪許多人喜歡環島。」

## Day 6  半夢半醒地打冷顫

### ◉ 雨絲和強逆風的挑戰

知本的夜裡一如預料，寒流鋒面帶來的雨已經開始下，溫度驟降，到了早上雨完全沒有要停的跡象，雖然心理早有準備，但雨中騎車的不便總是令人心煩，況且我還安排一些點的攝影，看來得邊騎邊調整了。

民宿貼心地準備了豐盛早餐，由於春節假期已過沒有其他客人，夫婦兩人陪著我們用餐，閒聊中才知道他們以前在台北科技業工作，太太是本地人，最近才回鄉圓夢。他們的民宿獨具風格很有設計感，大量採用木質材料，牆上掛了許多有關台東風采的畫作。昨天原本因為這裡沒有溫泉讓我們猶豫了一下，但住了一晚，反而覺得下次有機會一定要再來找他們，因為知本溫泉處處有，但主人有騎車且深知車友需求可是不多見。

一直到九點，雨仍然不停，我們穿上雨

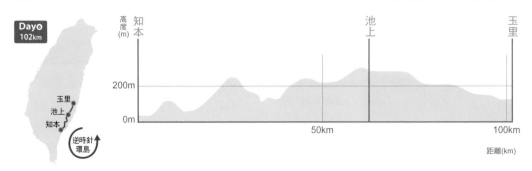

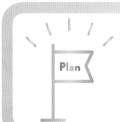

| Day6 知本 🚲 玉里，102km | |
|---|---|
| 09:15 知本 | 16:00 池上 |
| 12:50 鹿野 | 18:40 玉里 |
| 14:25 關山 | 住宿：玉里鎂石民宿，費用1200元 |

衣出發，騎上路許久好不容易才熱了身。

　　與前2日溫暖甚至炎熱的天氣相較，今天有如進入冰庫，除了雨還有強逆風，只要一停下來，好不容易騎暖了的身體馬上又凍僵，很不舒服。原本計畫要到鹿野武陵森林隧道、關山自行車道繞繞的計畫，幾經考慮後取消，改為只沿台9線往北。

　　由於路線變單純，下雨也不好拍照拍影片，心態上轉換成邊騎邊與自己內心對話的狀態，來面對濕冷寒流下騎車的考驗，然後偶爾和Toby哈啦互相鼓勵，畢竟這場雨相較我們生命中遇到的酸甜苦辣，已經是微不足道了。

◉ 夜騎玉富自行車道

　　好不容易熬到關山，吃了這裡著名的便當再喝幾大碗熱湯，身體稍稍暖和了起來，但好景不常，可能是身體僵冷下肚子又餓，剛剛吃了偏油膩的關山便當之後肚子就悶悶的，到了富里時甚至覺得有些暈眩，在富里農會拉過肚子又休息好久，才

勉強地繼續上路，這時覺得似乎有輕微腸胃炎現象，希望休息一夜能好一些。

　　由於人不舒服，原本今天想騎到瑞穗的想法不再奢望，只求順利騎到玉里住下來再說了。

池上
自行車道

玉富
自行車道

板塊交會處，
玉富自行車道

　　強逆風中抱著不舒服的身體騎著，好不容易進入玉里舊鐵橋的玉富自行車道，這時天色已暗，原本稍停的雨又開始下了起來，

夜騎玉富自行車道可能是環島中始料未及的經驗，雖然人不舒服，也只能苦笑以對，至少過橋就是玉里，也就能休息了。

晚上肚子仍然不舒服，狂跑廁所，Toby買回來的晚餐通通不敢吃就上床，半夢半醒中人直打冷顫，快到天亮才迷迷糊糊地睡著。

## Day 7 單車路上
## 千里來相會的機緣

◉ 雨終於停了

一覺醒來，人好多了⋯⋯

玉里早晨冷颼颼，唯一讓我開心的不是出發時雨已經停，而是肚子的不適感好多了，雖然仍然全身無力，但至少不會影響到行程。

早在路線規劃時，台東到花蓮的花東縱谷這段安排了2天打算輕鬆騎，要把時間

浪費在最美的這段，誰知會遇到下雨又寒流，更沒想到會患腸胃炎，「沒有趕行程的壓力，至少讓身體可以邊騎邊復原。」我認真地這麼想著。

出發後風勢很強，不過沒有下雨肚子又

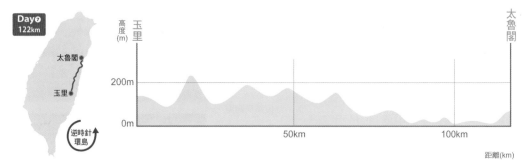

Day7 122km

太魯閣
玉里

逆時針環島

高度(m) 玉里　　　　　　　　　　　　　　　　　太魯閣

200m

0m

50km　　　　　　　100km

距離(km)

**Plan**

**Day7 玉里 🚲 花蓮太魯閣，122km**

| | |
|---|---|
| 08:00 玉里 | 17:20 七星潭 |
| 09:30 舞鶴台地 | 18:35 太魯閣 |
| 14:55 壽豐 | 住宿：太魯閣紅瑛民宿，費用1400元 |

掃叭石柱
遺址

無大礙，有了好心情欣賞花東縱谷雨後的悠閒。這時恰好是縱谷稻田插秧的季節，田裡注滿了水，映著灰白的天，有些已經插上新苗，有些是稻農正忙著以插秧機將一捲捲稻苗放入機器裡，然後順著田一趟趟插秧。

> **悠閒的我們**
> **穿梭在忙碌的土地，**
> **似乎就是台灣環島**
> **經典畫面。**

經過一番爬升來到縱谷中的高地——舞鶴台地，在北回歸線座標處再度遇見由大甲出發的那票年輕人，與他們多次相遇讓我有個體會，那就是在環島時，只要腳程不差太遠，因為路線上適合住下的鄉鎮就那幾處，住同一鄉鎮出發時間相差不多，他們途中會停留的景點我們也會停，因此多次相遇可以說是必然。也就是說，這樣的緣分可以說是由許多外部因素所促成，難怪在別人的環島遊記裡幾乎都有這樣千里來相會的機緣。

雖然肚子好些了，但昨晚沒有吃東西，早餐又只有喝點流質，因此有些虛弱，在瑞穗北端的富源火車站附近，看到路邊有賣鳳梨，心想吃點新鮮水果可以補充流失的水分也可以補充熱量，選了

一顆請老闆娘現削，小心翼翼地吃了幾塊，肚子沒有大礙，看來身體運作已經恢復大半，明天蘇花的挑戰可以不用太擔心了。

### ◉ 美麗的七星潭因雨而失色

進到光復又開始下雨，撐了一陣子覺得雨應該不會停，無奈地再度穿上雨衣繼續前進。到了午後在太魯閣經營餐廳的好友來電：

「你們騎到哪？我要開始準備迎接你們的大餐了！」

由於怕肚子剛好吃太好又患毛病，原本期待的這餐只能忍痛克制，向好友坦白說明後，他體貼地表示會煮一鍋清爽的粥外加清蒸一條魚等我們，真是太感謝了！

經過花蓮市區在傍晚時分來到七星潭，以往漂亮的海灣這時是強風伴著雨絲打在臉上，遊客中心附近看到陸客也是稀稀疏疏，這場雨讓這個花蓮大景點真的失色不少。

離開七星潭趕著，終於在天剛黑的六點半左右抵達太魯閣，先去和好友打聲招呼合個照，再入住一家曾經住過的紅瑛民宿，廖大哥開了一間最大的房間給我們，快速梳洗後再度來到好友的餐廳。

和嘉或兄會熟是因為他每年都會環島拜媽祖，有一年在他餐廳用餐聊了起來，對他的環島事蹟敬佩不已，環島前幾天遇到廟宇我們都會入內參拜，來到他的餐廳，Toby也向後方貼著他環島時從全台灣媽祖廟求來的香火包致意一番。

邊吃邊聊著數日來的見聞，聽著幽默的嘉或兄說著他環島故事，我們順利地度過環島的第7天。

民宿廖大哥說，我們住的那間房視野

大農大富平地森林園區

七星潭自行車道

七星潭海灣

最棒，早上可以看見太陽由太魯閣大橋旁升起。坦白說，明天若天晴有日出，我們必定會一大早起床衝到海灘，問題是依照氣象預測，別說日出，降雨機率之高，恐怕進蘇花時會下雨，而且不會太小……真是頭痛啊！

## Day 8　戒慎恐懼的蘇花

### ◉ 一切準備就緒，前進蘇花

一覺醒來，最悲慘的消息不是看不到民宿廖大哥所說的日出，而是外面已經下起了雨，而且不是冬天常見的毛毛雨，是不穿雨衣絕對會濕透的大小。

不過令我愉悅的，是身體完全恢復了。Toby在花東縱谷逆風淋雨默默騎了2天，雖然有戴口罩，但皮膚較敏感的她臉已經有些浮腫，耳際不知道何時可能因有小蟲停留，用手去抓，造成一條紅腫甚至化膿的傷口，一早檢查傷口沒有再惡化，等回台北再好好敷藥保養，希望別留下痕跡。

許多人對於蘇花是戒慎恐懼的，我們也是，早上雖然下起雨，但檢視兩人的身心理狀況都良好，單車機械性能也都正常，加上蘇花已經有騎過多次的經驗，路況比較能掌握，最重要的，這陣子花蓮沒有較大的地震，遇落石的情況不是沒有但機率較低，因此決定還是要走蘇花。

比較麻煩的是攝影部分，蘇花是環島重要的一段，但要在安全騎乘下留下影像紀錄不容易，檢查2台GoPro以及1台備用的行車紀錄器是否可以正常工作，把GoPro一台直接裝上安全帽，一台裝在龍頭，一切都準備妥當，出發！

### ◉ 轉換心情，紀錄「蘇花騎景」

清晨陰暗的天色飄著雨，伴隨偶爾汽車

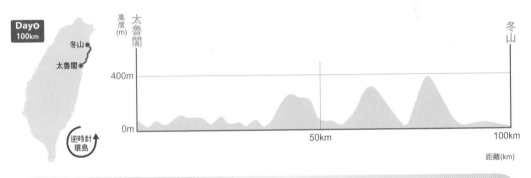

**Day8 花蓮太魯閣 🚲 宜蘭冬山，100km**

05:50 太魯閣　　　　　15:30 南方澳
09:20 和平　　　　　　17:20 冬山
11:50 南澳　　　　　　**住宿：冬山情定珍珠民宿，費用1200元**

快速經過噴起的霧花，感覺等等的影片拍攝會很有挑戰，搞不好通通都是一片模糊，由於我帶的GoPro無法預覽拍攝成果，因此還是不時地拿出相機拍些備用畫面。

天色漸亮但雨下得更大了，在崇德火車站前遇到一群莫約10人的大陸車友，看起來像是在環島，車上大包小包的，但似乎沒有裝頭燈、尾燈，我示意Toby上前打招呼：

「早，你們好！」

「你們要走蘇花喔？」我問。

「你們騎不騎？」一位大陸車友反問我們。

「我們騎。」Toby回得很直接。

「那我們也騎。」另位車友接話。

對談中，知道他們是要騎蘇花，但很明顯對於這段路風險不太清楚，且隊伍中有幾位不敢騎，有幾位很想騎，這樣的情形下，直覺他們出狀況機率很高，因此開始強力說服他們改搭火車，經過一番說明，他們欣然同意放棄騎蘇花並掉頭去新城搭車。

（作者按：當時蘇花改尚未通車，因此蘇花公路交通繁忙，加上有落石風險，因此大多數車友蘇花這段會改搭火車通過。）

和他們聊完，準備進入第一個隧道，因隧道是半封閉環境，機動車輛經過會產生高分貝的爆音，因此趁沒車時趕緊騎進隧道衝一段。

雨中騎蘇花，除了要忍受隧道中機動車輛因在半封閉環境中產生高分貝的爆音外，隧道中的高溫讓穿著雨衣的身體悶著，過一個隧道身體就悶出一層汗，而裝在保護盒內的GoPro也是很慘，隧道內外高溫差，造成盒內很容易起霧，每每都要打開降溫並在外盒的內部沾點口水以防止太快起霧。

我們六點二十分由太魯閣出發，九點多來到和平，雨依舊下著，在這裡停下來吃早餐，順便整理一下單車和有些鬆動的馬鞍袋。

我們好不容易經過了大濁水橋，準備進入宜蘭縣境。

雖然蘇花不好騎，但今天預定路程不長，計畫騎到蘇澳就好，因此轉換個心情，紀錄出「蘇花騎景」變成是今日的主題，這個過程必然會有隧道、砂石車、汽車音爆、太平洋、懸崖峭壁、驟雨不斷的各種畫面，我們只要做好忠實呈現就對了。

◉ 終於來到蘇花的下半場

中午進到南澳市區，這時雨已停，在

懸崖峭壁、砂石車、遊覽車，都是騎蘇花要面對的景象

街上吃過午餐準備進入蘇花的下半場。

「我們再越過一座山可以到美麗的東澳，然後再越過一座山就到蘇澳了，加油！」

由南澳出發前向Toby形容一下下午的進度。

騎車就是這樣，如果不清楚前面還要騎多久騎多高，往往會覺得很難，但是將路程分段讓心裡有個底，注意力反而會轉為欣賞周邊的景色，不知道別人是否如此，但我們都是這樣做，也才挖出許多令我們感動的景象。

廖榮川米糕

南天宮

在南方澳信仰中心──南天宮合掌感謝媽祖保佑我們順利騎完蘇花後，開始找尋今天的住處。

美麗的東澳灣

昭安觀景台

蘇澳鎮上

大雨中的冬山車站

雨停之後蘇花好騎許多，雖然路上依舊砂石車、遊覽車不斷，較窄處依舊驚險，但東澳灣、南方澳依序來到眼前，即將完成蘇花的成就感再度湧現。

騎完蘇花鬆了一口氣，特地進入南方澳犒賞一下，找到好友Rita推薦的「廖榮川米糕」填飽肚子，又到「南方澳廟口豆花英」來一碗香濃的豆花、紅豆湯。

一開始原本想住在蘇澳，但幾家Google地圖上的民宿，去到現場都不合Toby的味，反正還早，騎著騎著離開蘇澳晃到了冬山鄉，原本覺得體力還很充裕，想乾脆拚到頭城，但不幸這時下起大雨，

而且是比之前遇到的都大，好不容易在冬山河自行車道旁的珍珠社區找到一家民宿，很狼狽地暫停住了下來。

我想，在冬山遇到大雨的這段，讓我們大概一生都無法忘記這個從花蓮淋到宜蘭的一天吧！

## Day 9 環島1號線雖不完美，但我們已圓夢

◉ 終於來到環島最後一天

早上起床外面依舊飄雨，雖然不大但溫度更低，我們已經不抱天氣會放晴的希望，只求今天能順利完成9天的環島，回到台北溫暖的家。

Toby自昨天完成蘇花後就非常亢奮，畢竟她雖然體力技巧有多年經驗，但完成環島是她的夢，從不認為自己真的有機會

圓夢到即將美夢成真，那種成就與愉悅是可以想像。我很清楚一個女生要克服體力上不如男生、生理上的不便、在戶外騎車風吹日曬、與汽機車爭道等壓力下，由河濱戰戰兢兢練習開始到騎上武嶺，她的自信在即將完成環島的這時候完全展現，要離開民宿時，眼神閃耀地和老闆說著騎車的樂趣。

今天是最後一天，路線就是由冬山到台北，比較麻煩的是，若走完環島1號線全程，得繞到八堵、汐止，不過都已經到最

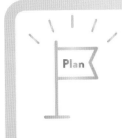

Day⓪ 123km
中和
冬山

逆時針環島

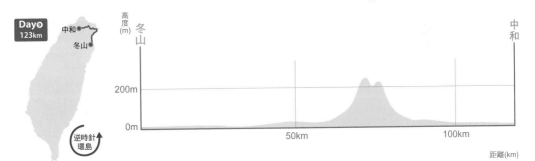

高度(m)
冬山　　　　　　　　　　　　　　　　　　　中和

200m

0m

50km　　　　　　100km

距離(km)

Plan

**Day9 宜蘭冬山 🚲 新北中和，123km**

| | |
|---|---|
| 08:20 宜蘭冬山 | 20:15 松山火車站 |
| 12:50 大溪漁港 | 21:20 大稻埕 |
| 14:55 福隆火車站 | 22:10 新北中和 |
| 17:30 新北平溪 | |

離家已經
不到100公里

後一天了，就耐著心把它順利騎完吧（我心裡默默地想著）。

　　雖然到台北還有一百多公里，但沿途都是熟悉的路徑，這時的感覺，就像平時出來騎車旅遊一般，只是後面多載了些行李罷了。離開民宿再度進入冬山河自行車道，悠哉地騎著，接上台2省道後雨又大了起來，到達頭城前找了個早餐店用餐，等雨稍緩後才繼續踏上回家的路。

　　到達頭城後，環島1號線沒有進市區，而是將我們導引進入烏石漁港以及蘭陽博物館後方，小逛一下後進到濱海公路繼續往

北，雖然途中肚子很快又餓了起來，但還是忍到抵達大溪漁港才停下來找吃的。

◉ 紛亂又平衡的漁港風情

　　頭城大溪是我們很喜歡的漁港小村，港邊有相當多的新鮮漁獲販售，牽著單車在濕濘港邊逛著，看著漁船進進出出，濃煙柴油味、魚腥味混著海鳥搶食的畫面，

紛亂又顯得平衡，相較烏石港觀光魚市，這裡是我心目中更有人味的地方，也是留下影像的好地點。不過已經餓到不行的肚皮不容我多按快門，循著香味來到港邊小攤，讓親切的老闆幫我們推薦簡單幾樣菜色：海產粥、生魚片、炒九孔，和老闆邊聊邊吃中又是環島另一頓海鮮餐。

頭城
大溪漁港

有不少大車的
北部濱海公路

北部濱海公路，遠
方海面上為龜山島

忽雨忽停的天氣，我們沒有抱怨，只有默默地享受最後一天自由的空氣，終於在石城順著環島1號線指標進入**舊草嶺隧道**，切過台灣最東側的三貂角進入福隆，準備進入環島最後一段。

### ◉ 最後一哩路

過了福隆進入山區，沿著台2丙來到平溪，由於邊騎邊玩沒有控制時間，這時已經快天黑了，今天路線沒有很有概念的Toby，對於我堅持要續走台2丙到暖暖、汐止頗有微詞，認為明明切往106市道經過菁桐、石碇很快就可以回家，沒有必要多繞一大圈而且還要進台北市區。經過向她耐心解釋，我們這趟有個重大的目標就是要完成環島1號線全程，無論如何不能在最後時刻出現缺口，努力溝通後，好不容易才說服她繼續前進。

**舊草嶺隧道**

舊草嶺隧道為1924年貫通的鐵路隧道，現已改為自行車專用道，由於有開放時間限制，有計畫騎這段的車友要注意以下的開放通行時間：6/1-9/30開放時間8:30～17:30（17:00開始清場），10/1至翌年5/31開放時間8:30～17:00（16:30開始清場）（資料來源：交通部觀光局東北角暨宜蘭海岸國家風景區管理處網站）

入夜後要在八堵、汐止、南港一帶騎單車真的不好受，紛亂的交通中要留意環島1號線指標，又要留意Toby有沒有跟上，好不容易才進到台北市區。

雖然台北市區汽機車秩序相對好一些，但混濁的空氣已經讓Toby變臉，默默跟在我後面沿著南京東路往大稻埕，進到河濱自行車道，騎過華江橋，來到9天前的起點。

「我們完成環島了，恭喜！」站在自行車牽引道旁的環島1號線指標前，我說。「回家吧……」Toby淡淡地說。

完成生平第一次環島的當下，沒有激情，甚至有些平淡，拍下最後一張合照，雖然Toby的笑容擠得很勉強，不過我們都知道，環島1號線雖不完美，但已圓夢，路途上的風雨，都是圓夢途中的美麗，因為

轉換個心情，其實雨後山裡很美，薄霧裡有絲絲寧靜飄著

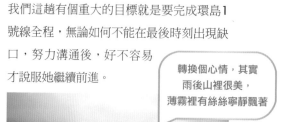

台2丙

「台灣‧用騎的最美」。

### ● 後記

開始剪輯影片前，有將環島1號線沿途看到的缺失做整理，除了紀錄在Blog之外，也發表到論壇，發表後有諸多討論，也因此被單車界前輩推薦，找去與負責規劃環島1號線的交通部運研所將所見一一討論，作為他們未來改善的參考。

影片PO出後幾天，接到蘋果日報俞先生來電（在論壇發文後他就有和我聯繫），表示報社要報導這個議題，經過密集的電話聯繫，果然在網路、新聞、日報都出現報導，連其他媒體也跟進，讓車友大眾對環島1號線這個主題有更多的認識。

雖然這狀況是當初始料未及，但回到一開始的初衷，一條屬於台灣的單車國道實現，身為熱愛單車運動的我們，本來就應發揮勇於探索的精神去嘗試，既然路是人走出來的，那單車路徑更應該是由單車人騎出來，被動地等著相關單位捧出一條不夠貼心的路徑，不如主動提供實際感受，讓他們有改善的方向。

所求不多，我們當真，他們會更認真，如是而已。

## YouTube 影片紀錄

由於從下定決心要環島的那一刻起就決定要拍影片，因此行前準備除一般性騎車該準備的之外，另外還包含去多借1台GoPro、上網買穩定器（經測試後覺得用不上，因此沒帶）、GoPro固定支架等，然後利用幾次騎車機會練習器材如何使用與轉換，這期間恰好遇上台北難得下雪，讓我們有絕佳的測試機會。

在內容規劃部分，先和Toby討論每一天預計要到的景點、可能要拍的主場景，出發後也每天做微調，尤其在東部遇到寒流及下大雨，臨時取消了好幾個點。

正式出發時，帶出門的攝影器材計有2台GoPro、1台做備用鏡頭的行車紀錄器、1台類單、1台M43等共5台攝影器材，外加手機需要隨時記錄軌跡並打點，也就是說，我除了騎車，整天就是在操作這6台機器，一進民宿，就是開始將電池拆下一一充電。繞台灣一圈回來後，對超過100G的影片檔一一整理，再與Toby討論旁白文案。

在剪輯期間，兩個人好幾次為了幾個字吵架，然後又會為了達成共識而相互擊掌。就這樣，一天一天的剪輯，前後大約費時1個月，才終於完成影片，以下就是這支長1個小時的環島紀錄片。

**我的環島1號線風情畫_完整版**
**《台灣‧用騎的最美》**
https://www.youtube.com/watch?v=tVKXONdDYUs&list=LLKYyvL_hazGvJ95M8x4TBVQ&index=3135

# 環島路線建議

最常被詢問的路線，環島應該是名列前茅，但這也是最頭痛最難回答的一條路線。有幫人規劃過環島路線的朋友應該都知道，上千公里的路程每推薦一次總是得費不少工夫，因為除了要考慮景點如何安排（若車友是來自國外，還要提醒台灣交通與該國的差異），也要了解要騎的車友體力是否能夠負擔，每日里程不同，住宿停留的地點一改就是一大串。

我們環島後仔細檢視全島，發覺事實上環島路線其實就那幾條，但放在地圖上和台灣其他密密麻麻的道路混在一起，對於台灣道路架構不熟的人，要弄懂的確不容易，因此起心動念決定整理這篇環島路線建議，由經過簡化的地圖搭配適當高度圖，將路線盡可能視覺化，讓需要的朋友可以輕鬆理解整個環島路線架構，然後不求人地規劃出屬於自己的環島路線。

台灣東部是單車旅遊重鎮，由最南端的鵝鑾鼻開始，幾乎每一段都有令人流連忘返的景點、景線。如果說西部是找景點想主題來串出環島路徑，那東部可以說是如何在眾多景點中做抉擇，來度過自己有限的環島時光，尤其到底要走花東縱谷還是東海岸，或是要不要去綠島、蘭嶼，幾乎是每位環島車友所面臨的難處。

如果你問我，有沒有兩全其美的方式，我的回答是：

> **環2次島，一次走縱谷一次走東海岸，一次順時鐘一次逆時鐘，多玩幾次就不會有遺憾了。**

當然，這樣講有些開玩笑，但東部非常美是事實，每個人巴不得假期能多幾天，可以好好暢騎於花東的山海之間……好了，廢話不多說，回到現實開始看看路線要如何規劃吧！

在開始路線建議之前，必須先了解幾個台灣公路編號原則。由公路及里程編號原則細探，可以發現除了2015年新增的環島1號線，單車環島主要是沿著幾條南北向且編號為單號的省道為主，西部為台1線、台3線、台15線、台17線、台19線、台61線（慢車道部分），而東部則為台9線、台11線。這幾條公路是南北走向，因此里程是由北而南漸漸增加，所以若是逆時針環島，且是由台北出發，在西部公路里程會越來越高，一到東部，公路里程數越往北會越少。

有了2個簡單的基礎概念（公路編號原則、里程計算原則），出門後公路標示就幾乎全看得懂了。以下就是台灣各段的

環島路線建議，方向採逆時針，出發點設定為台北市的大稻埕（或北門），依照路線說明、景點建議、替代路線等重點分成11段來說明。

1. 台灣西部1
2. 台灣西部2
3. 台灣西部3
4. 台灣西部4
5. 台灣西部5
6. 恆春半島
7. 台灣東部（南迴東段）

8. 台灣東部（花東縱谷南段、東海岸南段）
9. 台灣東部（花東縱谷北段、東海岸北段）
10. 台灣東部（蘇花段）
11. 台灣東北部（宜蘭、台北段）

## 台灣公路編號原則

1. 東西方向的路線編為雙號；南北方向的路線編為單號。

2. 公路路線方向及里程起算：由北向南；由東北向西南；由西向東；由西北向東南。

3. 省道公路編號：自「1」號起至「99」止；市道及縣道公路編號自「101」號起；區道及鄉道公路編號以直轄市、縣為單位，均自「1」號起，並冠以直轄市、縣的簡稱。

更多公路編號內容，請參考中華民國交通部公路總局網站：http://www.thb.gov.tw/page?node=7fc15d05-d10b-4400-b49d-a5645325d56b

國道
（單車禁行）

快速道路
（單車禁行）

省道

**131**
縣道
（市道）

**投27**
鄉道
（區道）

單車環島道路

第**1**段

3條路線
坡度平緩好騎

# 台灣西部1

## ◉ 路線説明

由台北出發環島,西部北段早期以路線A、B為主,也就是繞走西濱沿海的路線A,或是沿著最傳統的台1省道直走的路線B,去年底起多了一條環島1號線可以選擇,因此西部北段路線可分為以下3條。

**缺點:** 補給點很少,經過多處工業區,雖是沿著海岸,但景色平平;夏季無遮蔭,且因吹南風,屬於逆風向。

**景點:** 沿途風力發電風車、永安漁港,或加繞沿途的自行車道。

路線
**A**

**大稻埕－新竹南寮,以台15及台61為主,沿著台灣海峽沿岸往南,約86km。**

**優點:** 台15及台61平坦無爬坡,冬季大多吹北風,順風行很省力。

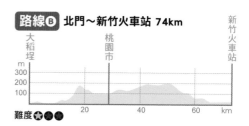

路線**B** 北門～新竹火車站 **74km**

難度★●●●

**台灣西部❶路線圖**

台15線+台61線（平面路段）

林口發電廠

61 A 八里 15
淡水
關渡大橋

61

大稻埕
北門

新莊
華江橋
板橋

永安漁港

B
1

桃園

環島1

中壢

三峽

湖口

1

大溪
3

鳳鼻隧道

15
頭前溪自行車道

竹北 新埔
環島1

南寮
新竹火車站
石門水庫

17公里自行車道

台15線+台61線（平面路段）

**🚲 圖例**

A B C 單車路線　　1 省道
61 快速道路　　環島1 單車環島道路
----- 自行車道　● 地標　● 地名

**路線C** 大稻埕～新竹火車站 78km

難度 ★★☆

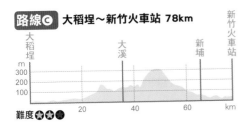

新竹避開市區替代路線示意圖

### 路線 B

## 北門－新竹火車站，以台1線為主，約74 km。

**優點：** 台1線為最傳統路線，經過多處大城市，補給方便，可以深入體驗西部城市人文風貌（桃園、中壢、楊梅、湖口、竹北等）。

**缺點：** 此路線交通最繁忙，空氣也最差，無大自然景觀，並且需要爬坡（參考左頁的高度圖）。

**景點：** 湖口老街。

### 路線 C

## 大稻埕－新竹火車站，78 km，為環島1號線。

台北市、新北市以河濱自行車道為主，在三峽開始依台3、台4及縣118等道路組合串連。

**優點：** 環島1號線沿途景色較另2條為佳，會穿越田園農村，且經過

多處特色鄉鎮（三峽、大溪、新埔等）。

**缺點：** 這路線坡度是3條中最陡的一條（參考上方高度圖），且部分路段狹小且多處轉彎，若不留神較易脫離路線。

**景點：** 三峽老街、大溪老街、石門水庫、新埔褒忠義民廟等。

　　3條路線最後會在新竹市匯集，走台1線（路線B）以及環島1號線（路線C）的車友，如果不想穿越新竹市區，可以在過了頭前溪橋之後立刻轉入頭前溪自行車道。由於台68線東西向快速道路已經通車（簡圖中未畫出來，大約是沿著頭前溪的一條快速道路），頭前溪自行車道也會跟著延伸至南寮漁港銜接上17公里自行車道（參考上方右邊圖紫色箭頭），可以避開城區車潮，順暢地繼續環島旅程。

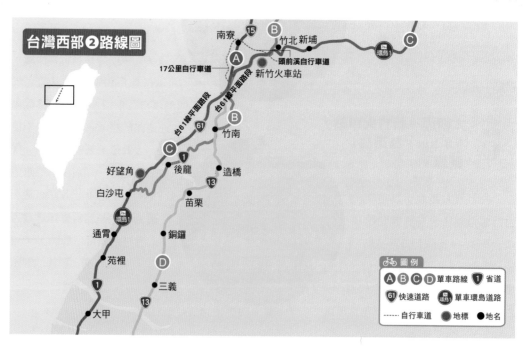

## 第2段

### 台灣西部2

> 路線單純
> 夏季注意防曬

### ◉ 路線說明

　　來到新竹，西濱沿海的路線A與環島1號線（路線C）會合重疊，在白沙屯也與原本走台1線的路線B會合，西部北段的3路線到了白沙屯已經合而為一，自此開始環島路線變得很單純。除上述路線之外，有些喜歡拜訪小城鎮的車友，會在竹南轉入台13線（路線D），經造橋、苗栗、銅鑼、三義等客家為主的聚落，有興趣這段路線的車友請自行搜尋相關資料，這邊不多做說明。

　　以下為路線A與路線C會合後的路徑來說明（地圖上為路線C）。

**路線資訊（台61線＋台1線）：** 新竹火車站－大甲鎮瀾宮，68km。

　　進入西濱快速道路後，若是東北季風季節（秋、冬）大多是吹著北風，因此逆時針環島可以有順風的助益；夏天常吹南風而形成逆風，且在好望角前需要爬坡，由於沒有路樹遮蔭，高溫強光下要注意防曬及中暑。

　　離開新竹後一直到後龍的白沙屯才有便利

### 台灣西部❷路線圖

南寮　⑮　Ⓑ 竹北 新埔　　環島1　Ⓒ

17公里自行車道　Ⓐ　頭前溪自行車道
新竹火車站

台61線平面路段　台61線平面路段　61　Ⓑ 竹南

Ⓒ　①　後龍
好望角　　造橋　⑬

白沙屯　　苗栗
環島1

通霄　　銅鑼

苑裡　Ⓓ

①　三義
⑬
大甲

**圖例**

| Ⓐ Ⓑ Ⓒ Ⓓ 單車路線 | ① 省道 |
| --- | --- |
| 61 快速道路 | 環島1 單車環島道路 |
| ------ 自行車道 | ● 地標　● 地名 |

### 新竹火車站～大甲鎮瀾宮高度圖

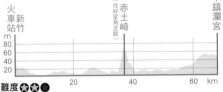

難度★★★

商店可以補給，因此在新竹得將水壺裝滿及填飽肚子，以免半途求助無門。此段有2個景點推薦：一是新竹17公里自行車道，二是好望

角。過了白沙屯進入台1線，通霄、苑裡、大甲都有不錯的道地美食，可以多加品味。

西濱快速道路台61線平面路段在好望角一帶是一段長上坡，雖然不是很陡，但夏季騎來並不好受，因此可以在上坡前轉一小路繞過這段坡，沿海線鐵路旁直達白沙屯，再接回台1線即可（參考右圖紅色箭頭所指路徑）。

另外，也可以不走鐵道旁小路，而直接繞往位於海岸的綠光海風自行車道，最後由通霄一帶回到主路線。

### 好望角替代路線示意圖

第**3**段

路線選擇多
可加碼日月潭

# 台灣西部**3**

## ◉ 路線說明

　　環島進入台灣中部過了大甲，在清水前路線有2個抉擇。

路線 **A**

### 改走西部濱海公路的
### 台17線

　　走這路線最主要可以前往鹿港、王功、布袋等濱海城鎮，最重要的騎到台南七股時，方便造訪台灣極西（國聖港燈塔）；如果只是要拜訪鹿港但不打算走台17線全程，可以離開鹿港後取道135縣道－台19線－145縣道走回環島1號線（參考紅色虛線路徑）。

西螺大橋

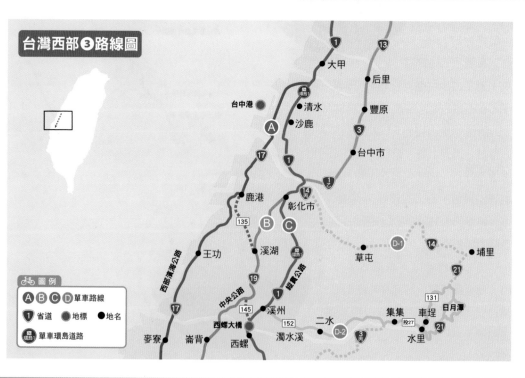

**台灣西部❸路線圖**

圖例

Ⓐ Ⓑ Ⓒ Ⓓ 單車路線
① 省道　● 地標　● 地名
🚲 單車環島道路

除上述2路線，由彰化市往南還有一條路線可以選擇，就是台19線中央公路（路線B），這條路線騎的人較少，但好處是車輛較台1線（路線C）少，補給點比台17線（路線A）多，是一條想要避開車潮的車友可以考慮的路線。

許多大陸車友環島時都會考慮要加碼日月潭，因此官方的環島路線有南投環線可以走（路線D1），但依照我們之前騎訪日月潭多次經驗，由溪州走152縣道經二水、集集，再走投27到水里，然後由131縣道繞往日月潭的路線（參考路線D2），景色非常好，有計畫造訪日月潭的車友可以將這路線納入計畫中。

如果時間上受限（到日月潭騎車不管是走哪一條線，至少需2日），可以放棄部分西部環島路線，然後利用兩鐵接駁搭火車至二水站下車出發（二水站為兩鐵站），走完日月潭原路回到二水，再搭兩鐵火車到適當的車站再出發。

## 路線 C　續走與縱貫線台1線共道的環島1號線

大甲鎮瀾宮－西螺，75.6km，台1線為主（此路線無爬坡路段），走這路線最主要可以進入彰化市以及彰化雲林交界的西螺大橋。

YouTube
影片紀錄

看著路線規劃應該有些眼花撩亂頭昏腦脹了吧？來一段日月潭輕旅行的影片放鬆一下，這影片即是上述路線D2的騎行紀錄。

車埕、日月潭、伊達邵，單車逐鹿輕旅行
https://www.youtube.com/watch?v=2pLWisP6tNg

## 台灣西部4

### ◉ 路線說明

來到雲嘉南平原地帶，道路平緩無坡，過了嘉義越過北回歸線，進入氣候屬於熱帶的南部地區，A（西部濱海公路）、B（中央公路）、C（縱貫公路）3路線最終於台南分別會合。

環島1號線較早年路線設定，是在南科附近會與台1縱貫公路分道揚鑣（右圖的環島1號線即是以最早的路線標示），經台南山海圳綠道自行車道，轉往濱海的台17線經台南市區後繼續往南，後來又另外有改線。

不過，除非有打算特別要走環島1號線，這段建議還是維持台1省道經永康直接往台南，雖然交通較繁忙，但補給等較方便，且直走台1線可以省卻找路的麻煩。

**西螺到台南府城路徑參考（C路線，由台1線進台南市區）**：西螺福興宮－台南赤崁樓，107km，台1線為主

（此路線無爬坡路段）。

A、B、C這3條路線的選擇雖然都是在平原地帶，但在景觀上差異非常大。

### 路線 **A** 西部濱海公路

補給點少，日照、強海風的干

擾多，但濱海鹽分地帶特殊景觀，絕對值得一遊。

路線 **B** **中央公路**

　經過許多經典老鎮，這些地方人文風采也是讓人流連忘返。

路線 **C** **縱貫公路**

　為傳統路線，嘉南平原農田景觀、嘉南大圳，皆可以順遊。

　由於台南可以去的地方相當多，但一次性的環島不可能玩

得透，因此建議路經台南時挑一、兩處城鄉造訪即可，有機會再專程來拜訪，才不會顧此失彼，造成行程塞入太多要去的地方，徒增體力上的負擔。

如果不太清楚台南騎單車可以去哪，不妨參考這影片，裡面是我們騎訪整個台南的精華紀錄，您再依照影片中有提到的景點自行搜尋納入行程之中。

**YouTube 影片紀錄**

**看著藍天，聞著遼闊的風－我的台南單車感動地圖**
https://www.youtube.com/watch?v=v_NZzRwzm9o

# 台灣西部5

## ● 路線說明

離開台南，環島1號線一開始是沿台17線往南，途中會改至台1線，進高雄市區後又以台17線為主。除非有特別要去的地方，否則這段路建議車友以台17線為主即可。惟在市區多留意車多以及與汽機車的速差，進入高雄市區一直到東港是環島交通繁忙的一段，貨櫃車極多，車友行經此段需要有心理準備小心應對。

離開高雄市區，台1線會向東往鳳山、屏東市，因此環島的車友大多順台17線往南，如果要往小琉球或大鵬灣，可以繞進東港，否則順行台17線，最後在枋寮與台1線相會，準備進入恆春半島。

高雄市為台灣南部最大城市，可以去的地方相當多，如果想體驗港灣風光又不想耽擱太多時間，可以由鼓山渡輪站搭渡輪至旗津，行至中洲再搭渡輪回到前鎮，然後順台17線繼續往南，是很推薦的一個走法。

**路徑資訊（以台17線為主）**：台南赤崁樓－屏東枋寮，約98.4km。

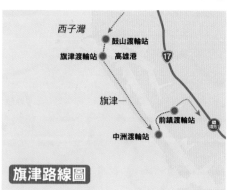

**旗津路線圖**

第6段

# 恆春半島

> 路線A景點多
> 冬季注意落山風

## ● 路線說明

過了高雄一路往南，來到台1線終點楓港後，路線會分為3段，由於距離差異不小，甚至會影響環島日數，因此以下就各段差異說明。

**路線 A**　枋寮－鵝鑾鼻－壽卡－達仁，約148km。

如果要拜訪台灣四極點一定得走這路線，途中會經過恆春、墾丁、鵝鑾鼻、龍磐公園等著名景點，是最美的一條線，但路程也最遠，因此需要多加一天的時間。

這路線冬天不建議走，因為西岸很容易遇到落山風，來到東海岸時又是大逆風，很容易摔車或是騎不動。

**路線 B**　枋寮－牡丹－壽卡－達仁，約87.6 km。

由於南迴公路車多，而往鵝鑾鼻又太遠，這時由車城轉199縣道這條線是不錯的選擇，車少風景好，途中會經過石門古戰場、牡丹水庫、東源部落等景點。

**路線 C**　枋寮－南迴公路－壽卡－達仁，約55.5 km。

由楓港直接進入南迴公路（台9線）是最直捷的路線，也是環島1號線路徑，如果環島時程有時間限制，一定得選這條，否則就要搭兩鐵火車了。

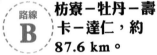

恆春半島路線圖

## 恆春半島❸路線高度比較圖

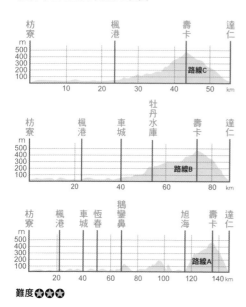

路線C

路線B

路線A

難度 ★★★

達仁鄉人文景觀自行車道路線圖

## 達仁鄉人文景觀自行車道高度圖

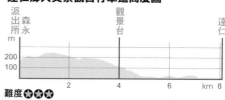

難度 ★★★

由上方「恆春半島3路線高度比較圖」觀察可以發現，路線B、C只是距離差距約32km，爬高並沒有太大差別，因此如果環島是以賞景為主，又不想多花一天的時間，或是冬天要避開落山風，路線B是個很適當的折衷選擇。

3條路線過壽卡後以往都是直接下滑到達仁，但如果爬坡不是問題且時間充裕，可以下滑到森永派出所時，右轉達仁鄉人文景觀自行車道，在約1.5km爬坡後，下滑到一處媲美多良車站的觀景台，然後接台26線回台9（參考右上圖）。

### ◉ 特別加映：環島單車溫泉之旅

台灣是由2大板塊擠壓而成的島嶼，地熱活動頻繁，本就是溫泉處處。由屏東199縣道即將越過中央山脈尾段的四重溪溫泉，到199甲的旭海溫泉；南迴往北開始，則有金崙溫泉、知本溫泉、安通溫泉、瑞穗溫泉、礁溪溫泉、金山溫泉等。如果對泡湯有興趣，可以在環島路程中同步規劃出溫泉之旅。右圖就是環島沿途會遇到的溫泉，皆是有住宿的地點，可考慮看看能不能排到行程裡。

環島溫泉旅行簡圖

金山溫泉
礁溪溫泉
蘇澳冷泉
瑞穗溫泉
安通溫泉
朝日溫泉（綠島）
知本溫泉
金崙溫泉
四重溪溫泉
旭海溫泉

路線單純
過大武坡度起伏大

# 台灣東部（南迴東段）

## ● 路線説明

壽卡下滑後進入美麗的太平洋海岸，這段路是環島最單純的一段，就是台9線一條別無分號（當然也是環島1號線），要注意的是，往北走只有大武開始才有住宿點，再往北就得到金崙了。

南迴公路路寬，大車多且速度快，沿途沒有路燈，因此要控制時間務必避免夜騎，在一片漆黑中被大貨車刷卡

的驚悚，絕對不是您想體驗的感覺。

進入台東市路線會分為二，一是續走台9線，走這條目標是要往花東縱谷；另一個選擇是走台11線，走這邊的目標是花東海岸，或是打算加碼搭船往綠島、蘭嶼，需要在富岡漁港搭船，所以一定得走這邊。

由於台東市區較靠台11線，因此續走台9線要往花東縱谷的車友選擇住宿時，可以考慮較近的知本溫泉；目標是花東海岸的車友，住宿當然就選擇台東市區（或沿途民宿）了。

由達仁－台東市區的高度圖可以發現，過了大武往北路變得上下起伏，尤其金崙到太麻里間有段較高的山坡路線，如果環島的計畫是訂在秋冬，有時東北季風增強，這段路是大逆風，會相當不好騎。另外，花東海岸的台11線也是有相同的狀況，也就是說除了景點選擇，方向及季節是環島選線很重要的考慮條件。

**路徑資訊**：達仁－台東市區，約64.7km。

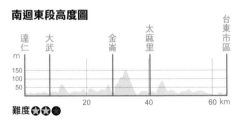

知本溫泉
富岡漁港
台東市區
綠島
太麻里
金崙
大武
達仁

**南迴東段路線圖**

**南迴東段高度圖**

達仁　大武　金崙　太麻里　台東市區

難度 ★★●

景點多
沿途風景秀麗

# 台灣東部（花東縱谷南段、東海岸南段）

## ◉ 路線說明

　　離開台東市，環島道路開始分為夾於中央山脈和海岸山脈間的縱谷線，與依著太平洋的海岸線。台11線一直沿著海岸往北，路線單純美麗，沒有太多需要提醒；縱谷線依著鹿野、關山北上來到池上，是台9線也是環島1號線。在池上除了續走台9線往富里、玉里外，

也可以選擇往西（就是往中央山脈方向）銜接上一條花75的鄉道——卓富產業道路。

　　這條路線沿途有許多媲美池上的美麗稻田，且汽車非常少，是近年來車友間非常熱門的一條好路徑，值得納入選項。

　　這區段的台9線與台11線中間夾著海岸山脈南段，崇山峻嶺間有2條省道級的公路——台23線與台30線，有些車友為了縱谷與海岸公路兼具，會利用這2條橫貫海岸山脈的公路來串接。要注意的是，這2條越嶺道都需要爬坡，且增加的里程勢必會影響環島日程，因此規劃時得計算好時程。

　　在景點方面，就如此篇一開始所說，路線

花東縱谷南段、
東海岸南段路線圖

玉里
長濱
玉長公路
卓富產業道路
富里
成功
池上
東富公路
關山
東河
鹿野高台　鹿野
都蘭
台東市區　富岡漁港

池上
自行車道

上有非常多好去處，例如鹿野高台、關山環鎮自行車道、池上大坡池、伯朗大道等等經典景

點，因此盡可能將過夜點距離設定短一點的城鎮，這樣才有充裕的時間多繞多停留。

以下是台東市區先走台9線（環島1號線），在池上轉卓富產業道路到玉里的高度圖（約82km）。

從左上高度圖可以發現，出了台東市區就是長上坡，幾個上下之後在池上附近為最高點（最高點在接往卓富產業道路附近，靠近中央山脈邊），再來就是緩下坡偶爾小爬一段的路程了。

再來看海岸側的台11線，這邊則是相對平緩的道路（參考左下圖）。

**路徑資訊：**台東市區－長濱，約78.5km。

### 台東市～卓富產業道路～玉里高度圖

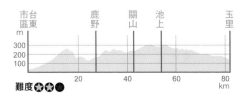

難度 ★★★

### 台東市～東海岸～長濱高度圖

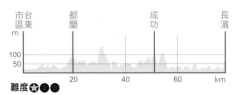

難度 ★●●

第 **9** 段

> 風景優美
> 有爬坡段

# 台灣東部（花東縱谷北段、東海岸北段）

◉ 路線説明

 路線 **A**

## 長濱－台11線－花蓮市區，約91km。

如果選擇走沿著海岸的台11線（路線A），接下來的走法一樣單純，惟過了新社需要爬座山，由於台11線可補給的村落少，因此記得事先將水壺灌滿，背包（或馬鞍袋）裡擺點戰備糧食，才可攻過山頭迎向花蓮市。

另外，選擇走縱谷線的車友，離開玉里後有2個路線可以選擇。

 路線 **C**

## 玉里－台9線－花蓮市區，約86.8km。

直走台9線（環島1號線）爬過舞鶴台地經瑞穗、光復、鳳林等縱谷城鎮，直往花蓮市。這是最傳統的走法，單純、補給方便，也是大多數環島團選擇的路線。

 路線 **B**

## 玉里－193縣道－花蓮市區，約97km。

避開車多的台9線，走193縣道，經瑞穗、太巴塱、月眉等地，在海岸山脈北端過花蓮大橋進花蓮市。

193縣道是台灣最長的一條縣道，起點位於花蓮新城，終點在玉里，全長110.920km

花東縱谷北段、
東海岸北段路線圖

（公路總局資料）。由於它沿著海岸山脈邊一路往北，過了瑞穗後坡度起伏大，騎起來比較辛苦，但這路線風景極為優美，且沿途會經過多個美麗的阿美族部落，因此只要體力上沒有太大問題，非常推薦前往。

另外有個折衷的騎法（參考下一頁的高度圖），就是193縣道（路線B）騎玉里到瑞穗較平緩的這段，也恰好可以避開台9線舞鶴台

地的爬坡，來到瑞穗後再轉走台9線（環島1號線，路線C）。

　　由下圖做路線分析比較，直走台9線（環島1號線，路線C）雖然要在瑞穗之前爬舞鶴

台地的上坡，但它其實是最直接的路線，大多數的環島團選它不是沒有道理的。

　　最後，和縱谷南段、東海岸南段一樣，北段也有2條橫貫海岸山脈的主要越嶺道路，2條中特別推薦瑞穗到秀姑巒溪出海口的花64（瑞港公路），這是一條具有河階峽谷景觀的越嶺道路，會經過古老的阿美族奇美部落，可以說是海岸山脈幾條越嶺道路最有特色的一條。

## 海岸山脈的越嶺道路

　　海岸山脈若是在地質領域，會以橫切山脈的秀姑巒溪為分界，分為北段及南段。本篇所稱的北段、南段，因考慮影響單車行程的是距離，因此參考海岸山脈里程，大約是以玉長公路（台30線）分界，來作為北段、南段的區分，另以玉里、長濱作為中間城鎮。

**花東縱谷北段高度比較圖**

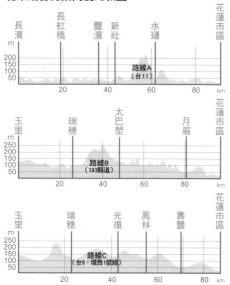

難度 ★★●

這是一段約17分鐘的影片，紀錄花東縱谷北段以及台11往北的騎行紀錄，可以更了解花東如何成為台灣的單車天堂。

《單車療癒5》
花東。單車_台灣‧用騎的最美
https://www.youtube.com/
watch?v=0IyOoqP4SCY

第**10**段

難度高
善用兩鐵接駁

# 台灣東部（蘇花段）

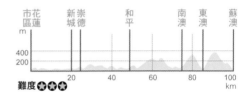

蘇花公路
東澳灣

台灣東部
蘇花段路線圖

**蘇花公路高度圖**

| 花蓮市區 | | 新城 | 崇德 | | 和平 | | | 南澳 | 東澳 | 蘇澳 |
|---|---|---|---|---|---|---|---|---|---|---|

m
400
200

20　40　60　80　100
km

難度★★★

## ● 路線說明

　　早年蘇花改未通，原本的蘇花公路車水馬龍，環島要不要走蘇花，是許多環島人頭痛的問題。因為騎在絕壁開鑿出的道路，太平洋就在腳下數十公尺，那種與山海合一的悸動，是許多人的夢想，但隨時有落石的風險、隧道中砂石車巨大的聲浪，卻又讓人不敢貿然挑戰。現在雖然有了蘇花改，但崇德－和平段仍然只有一條路，車流依舊繁忙，而且騎在舊蘇花上的落石風險、隧道中砂石車巨大聲浪還是會遇到，那麼到底要不要騎？

　　另外我們看一下高度圖，蘇花公路南往

北由崇德開始是連續的山路，至少要爬3次山（把崇德到和平也算進去是爬4次），一山比一山高，因此若是新手或是對體力沒有太大把握，又或是無法忍受多到數不清隧道裡的汙濁空氣時，請善用兩鐵接駁的方式跳過這段。

**路徑參考：**花蓮市－蘇澳，約100km。

若覺得可以輕鬆以對，體力也沒問題，對於騎在狹窄的隧道也能忍受汙濁的空氣以及懾人的聲浪，那就認真考慮騎過蘇花吧！

對於要不要走蘇花有了概念後，若決定要騎，建議在新城過夜，第二天一早出發比較可以避開車多的困擾。騎過蘇花來到蘇澳路線分為二：打算經過羅東、宜蘭市區的車友建議走台9線（環島1號線）；要繼續順濱海北上的車友建議走台2線（走台9或台2也攸關到往台北的路線，會在下一段路徑詳細建議）。

許多外地來台環島的車友，由於機會難得，想在花蓮加碼騎往太魯閣、天祥，也是建議夜宿新城，隔天一早往中橫出發，早一點進入可以避開後面的觀光人潮、車輛，回來後再騎到新城搭火車到宜蘭。

若決定不走蘇花，則建議夜宿花蓮市區，隔天由花蓮車站搭火車到蘇澳新站或是冬山站，繼續往北前進。

特別提醒，如果決定要騎蘇花，而出發前幾天當地有較大的地震或是大豪雨，建議要有中止的勇氣，人定不能勝天但能順天，懂得隨時應變才是最佳的路線計畫。

# 有關火車接駁

台灣鐵路管理局所提供的「兩鐵環保運送」班次，是車友蘇花段接駁的最佳大眾運輸工具。這項服務不是每站都有，而是有特定的站點，蘇花之間有花蓮、新城、和平、南澳、東澳、蘇澳*、蘇澳新、冬山等站可以出入站。「兩鐵環保運送」班次大部分是區間車、區間快車，花蓮、宜蘭間班次很密集，只要到站購票申請即可，費用是一般票價X1.5，詳細的班次和停靠站點可以至鐵路局網站（https://www.railway.gov.tw）查詢。

蘇花公路沿途
兩鐵站點示意圖

◎由花蓮－蘇澳間可帶單車上下的火車站位置圖可以了解，若原本打算騎蘇花，但途中要放棄，可以利用圖中有標示的車站改搭火車（和平、南澳站、東澳站）。

**\*由花蓮往北班次蘇澳站沒有停靠（僅北往南的車次特定班次有停靠），要由蘇澳接續環島旅程，需要在蘇澳新站下車，或是更往北的冬山、羅東、宜蘭等站下車。**

第**11**段

路線多
可依需求選擇

# 台灣東北部（宜蘭、台北段）

## ● 路線說明

　　雖然即將完成環島，但最後一段有點複雜，因為宜蘭往台北是整個環島路線中選擇較多的一段，每條都有特色，至於該怎樣選擇，我把每一條的特性分列如下，讓您有較多的資訊比較，選線比較容易一些。

**台灣東北部宜蘭、台北段路線圖**

路線
**A**

最短距離
**蘇澳－北宜公路－台北，約106.6km。**

　　往台北最短路徑是北宜公路（台9），但壞消息是需要爬2次大坡，且假日重型機車非常多，因此選擇走這路線盡可能不要在假日，且體力上要有所準備，夏日入山前務必將水壺裝滿。

　　騎上北宜公路接近石牌（地名）途中，可以回望美麗的蘭陽平原，是非常有特色的角度，若選擇這條路，一定要記得挑個好構圖留下紀念。

路線
**B**

終點在台北南區（例如木柵、景美、新店、中永和……）
**蘇澳－環島1號線－106市道－台北，約126 km。**

　　蘇澳出發後沿著環島1號線前進，然後由冬山河自行車道轉至台2線，在石城進草嶺舊隧道至福隆轉台2丙，並在十

台2丙

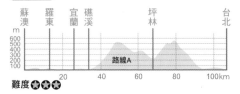

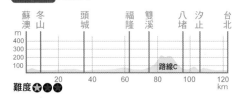

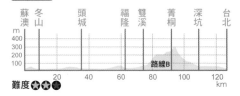

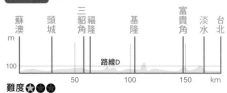

分進106市道，最後取道深坑經木柵動物園後，即可進到大台北南區。

如果環島終點是在大台北南區，利用這路線，抵達木柵動物園時再切入河濱自行車道系統，可以完全避開市區前往最後的目的地。

另外，106市道是沿著火車平溪線的著名景線，十分、平溪、菁桐都是旅人很喜歡的景點，走這邊是距離與賞景兼具的好選擇。

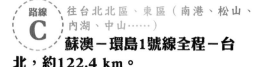

### 路線 C　往台北北區、東區（南港、松山、內湖、中山……）
### 蘇澳－環島1號線全程－台北，約122.4 km。

如果環島終點是在大台北北區、東區，那就非常適合走官方劃設的環島1號線，不須另外找路，最後會由台2丙轉台5，經由八堵、南港、松山一路進到市區。

### 路線 D　挑戰四極點
### 蘇澳－台2線－基隆－富貴角－台北，約181.8 km。

最後，如果堅持要挑戰完成四極點，那一離開蘇澳就要轉往台2線，以最大圈的走法繞過台灣最東端三貂角、最北端富貴角，然後經淡水進台北市。由於這路線距離最長，除非體力充沛且不打算邊騎邊玩，否則最好將行程加一天，才不至於弄到最後得夜騎。這路線另外有個特點，那就是相較其他3條路徑坡度最緩，因此也很適合爬坡能力較弱的車友。當然，缺點就是距離多很多，但此線幾乎都是沿著海岸，景色相當棒，可以放鬆心情慢慢騎（但要注意，此段與蘇花一樣有許多大型車，但不同的是車速很快，因此千萬不要夜騎），絕對會讓環島的最後路程有個好Ending。

# 與台灣有約
# 四極點
# 單車環島

**四** 面環海的台灣，近代以來海上交通與貿易非常發達，因此島上有不少的燈塔，很幸運地，台灣本島四極點附近都有燈塔：北—富貴角燈塔，東—三貂角燈塔，南—鵝鑾鼻燈塔，西—國聖港燈塔。由於燈塔位置通常為高點且景色優美，且若以這4個極點燈塔串出的環島路線，畫出來的就是一個台灣的美麗樣貌，因此我們計畫再一次出發，要好好地再看看她美麗的輪廓。

## 單車人有朝一日一定要走的
## 台灣四極點環島

◉ 緣起

觸動想安排四極點環島的原因，可以溯及到2年前一個自行車道規劃案，那時負責的工程顧問公司要我以我們這種類型的單車旅客看整個台南的單車旅遊環境，然後提出看法。由於那時對台南不熟，無法有系統提出建議，因此多次前往台南實地探查。

當來到七股、將軍、北門一帶看到鹽田、潟湖一望無際的景象後，就愛上這裡的特殊遼闊感。記得第一次來到台灣極西，站在國聖港燈塔旁沙丘上時，我悸動不已，心想：「身為單車人，有朝一日一定要騎車造訪台灣4個極點！」

有了這個念頭加上將動線實際勘查後，後來和工程顧問公司的朋友討論時，我強烈建議，未來一定要在環島車友會經過的台17線上設置往台灣極西的指標及簡易路線圖，工程顧問公司朋友聽到我這個建議有些莫名。

他臉露疑惑地回我。

「你知道武嶺吧，你覺得3275那個牌樓美嗎？」「那個牌樓不予置評。」他眉頭一皺，更疑惑地說。

「如果你覺得不美，為何車友總是要和它合照？」

「若你能體會，就知道國聖港燈塔在我心目中的意義。」

「武嶺的牌樓是代表我站在台灣公路最高點，國聖港燈塔是代表我站在台灣本島最西邊，我要看的不是牌樓或燈塔美不美，而是讓人家知道和看到『我在這邊』。」

「台灣極西是台南七股無法被取代的珍貴資產，一個不需太多成本的標示牌，只要設對地方，就可以吸引環島車友造訪，主動打卡，進而讓更多車友看到這裡特殊的人文風采。」

「如果懂得行銷，這絕對是低成本又有高效益的投資啊！」

◉ 2年後，我們真的出發了！

時間來到去年，剛完成第一次的環島，由於那次的目標是全程走環島1號線，好處是不需要找路，只要乖乖跟著環島1號線指標走，然後專心找地方玩，但實際上，環島路線其實可以有許多種組合，可以依照自己的喜愛及條件來規劃路線，這樣才能在環島過程有玩到又對台灣有些基本的認識，因此後來就認真寫了一篇逆

> **這我就不懂了，國聖港燈塔根本沒什麼特色，為何你們會想來？**

時針環島建議分享給想環島的車友參考。

　　雖然那篇分享標題是寫逆時針環島，但實際上順騎依舊可以拿來參考，由於當初寫的時候就已經考慮兩個方向都要通用，也把四極點環島路線納入，因此，這次的順時針環島，路線規劃可以說早就已經做好，我們欠的只是踏出去，還有時間和旅費而已！

## Day 0　出發前的準備

### ◉ 瘋狂極東計畫

　　時間再跳到今年元旦（2017年1月1日），大概是想四極點環島想太久，一直沒有付諸行動很難受，經過幾日鼓吹，Toby同意和我一起去台灣極東三貂角燈塔

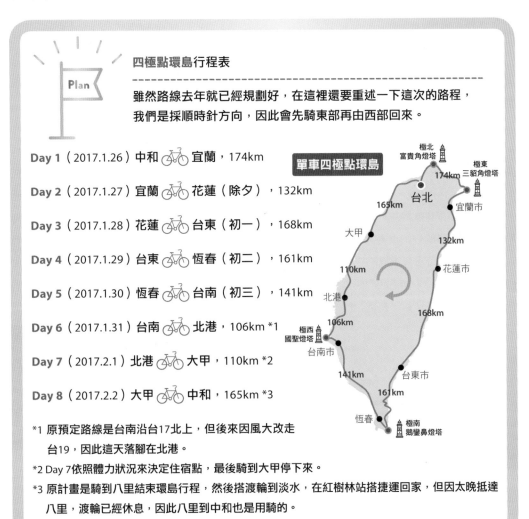

**四極點環島行程表**

雖然路線去年就已經規劃好，在這裡還要重述一下這次的路程，我們是採順時針方向，因此會先騎東部再由西部回來。

**Day 1**（2017.1.26）中和 🚲 宜蘭，174km

**Day 2**（2017.1.27）宜蘭 🚲 花蓮（除夕），132km

**Day 3**（2017.1.28）花蓮 🚲 台東（初一），168km

**Day 4**（2017.1.29）台東 🚲 恆春（初二），161km

**Day 5**（2017.1.30）恆春 🚲 台南（初三），141km

**Day 6**（2017.1.31）台南 🚲 北港，106km *1

**Day 7**（2017.2.1）北港 🚲 大甲，110km *2

**Day 8**（2017.2.2）大甲 🚲 中和，165km *3

單車四極點環島

極北 富貴角燈塔　174km　極東 三貂角燈塔
台北　165km　宜蘭市
大甲　132km
110km　花蓮市
北港　168km
極西 國聖燈塔　106km
台南市　141km　台東市
161km
恆春　極南 鵝鑾鼻燈塔

*1 原預定路線是台南沿台17北上，但後來因風大改走台19，因此這天落腳在北港。

*2 Day 7依照體力狀況來決定住宿點，最後騎到大甲停下來。

*3 原計畫是騎到八里結束環島行程，然後搭渡輪到淡水，在紅樹林站搭捷運回家，但因太晚抵達八里，渡輪已經休息，因此八里到中和也是用騎的。

台灣極東日出

看今年的第一道曙光。但問題來了，要看曙光代表天未亮人就要出現在現場，愛騎車的我們幾經討論，最後當然是騎車去，然後出發時間是元旦的凌晨。

這樣搞怎麼想都很瘋狂，所以我把這次的行動稱之為「瘋狂極東」，「瘋狂極東」是我們四極點環島的第一步，有了這次的行動，才能讓後來的四極點環島付諸實現，因為要8天大環島，需要具備的就是要有夠瘋狂的精神。

有了衝的精神後，再說到另一個條件──旅費，為了這次的旅程，加上早就覬覦旅行車比起現役的登山車更適合旅行，特地向台灣雲豹訂購了2台正規的旅行車，一直很支持我們的徐總，知道我們要再度出發環島，大方地在車價上給予優待，他的用意就是提供我們在旅行費用一些支持。

新購的旅行車

就這樣⋯⋯路線有了、車有了、假有了、大錢花了、Toby也願意再瘋狂一次！
單車四極點環島，出發！

## Day 1 一日雙塔（極北、極東）

### ● 終於來到出發的這天

所謂一回生二回熟，有了去年環島經驗，加上多年四處騎車，因此昨晚搞定所有裝備後早早就寢，不過還是睡得不好，乾脆早一點起來，再次將單車、裝備檢查沒問題後，扛著單車下樓準備。

這次除了採用新的旅行車，也特地採買了2組防水置物袋，有了充足的空間加上防水，途中要採買特產或是遇到下雨，通通沒有問題。把單車扛下樓之後，另跑一趟將防水置物袋拿下樓快速組裝後，正式出發！

由於假期有限，今天目標要拚到宜蘭，雖然明天要走蘇花能由蘇澳出發是最好，但畢竟前4天有3天都是長距離移動（蘇花相對比較短，但也是不好騎），力氣不能一次榨乾，因此比較保守地將住宿點設定在宜蘭市，宜蘭到蘇澳這段，等明天早一點出發來彌補了。

這次要將過程以影片紀錄，出發時先在巷口讓Toby來段出發前的片段。其實我很喜歡這樣的照片，因為等到完成環島後再拍一次，前後做個比對，即使可能到時

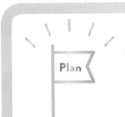
**Day1** 🚲 行程概要（174km）

| | |
|---|---|
| 06:00 新北中和 | 13:50 基隆港 |
| 07:30 關渡宮 | 17:55 三貂角燈塔 |
| 10:20 富貴角燈塔 | 20:50 宜蘭市 |

候已經很狼狽，但這樣的感覺既真實又有紀念性，因此無論如何一定要留下紀錄。

◉ 第1個極點燈塔，達陣！

清晨六點出發後，我們取道台北的河濱自行車道系統，由華江橋過橋進到北市端，然後沿淡水河右岸往關渡方向前進。

台北為高度都會化的城市，運動人口不少，自行車道沿途遇到許多晨起運動的朋友，有騎單車的、有慢跑的、也有健走的。我們的打扮一看就知道是在長途旅行，因此偶爾會有人大聲喊「加油」，這樣的感覺真棒啊！

第一站來到關渡宮，由於明天才是除夕且這時候還早，來此拜拜的香客無幾，廟裡清香繚繞，讓我們忐忑的心情逐漸安定了下來。合掌誠心地祈求媽祖保佑我們一路平安之後，拿了2個平安符帶著，繼續往淡水前進。

關渡宮

淡水渡船頭

我們的如意算盤是這樣，等環島回到八里，可以由對岸搭渡輪過來淡水，然後騎到紅樹林站搭捷運回家（淡水站單車不可以上），這樣可以省下二十幾公里的路程，又

能完整繞一圈，真是一舉兩得。

因此，特地到淡水渡船頭拍一段影片做紀錄。搞定後在淡水市區吃過早餐，開始進入台2公路，往台灣最北端的富貴角前進。

富貴角離淡水不是很遠，雖然這時路上不時有強風，但第一天體力好不影響，因此由淡水出發一個多鐘頭就來到富貴角的入口。由外面到燈塔還有一大段步道，入口處有標示禁止汽、機車進入，我們邊推（因為強風）邊騎，終於來到第1個極點——富貴角。

原本不知道富貴角燈塔單車能不能進來，但是看到燈塔內有單車專用的停放處就放下心了。在這邊稍作停留後，繼續出發往下一站囉！

回到公路上後，由於已經過了台灣最北，風向逐漸變為側向，不過有山的遮擋，風對我們影響有限。離開富貴角之後，一路拉著速度，很快地準備進入中午預定的休息點——金山。

明天是除夕，這時候正是採辦年貨的時刻，金山街上車子非常多，我們下來邊牽邊找吃的，最後找了一家人比較少的麵店，點了可以吃得飽的麵、飯，然後搭著一盤每次到金山都會吃的沙魚煙，稍作休息後，繼續踏上環島旅程。

◉ 朝第2個極點燈塔邁進

吃飽了有了力氣，離開金山後，馬不停蹄地騎過野柳、萬里，終於進到基隆港；到基隆港等於今天的路程過了一半，因此打算找個超商喝個咖啡小小慶祝一下，正當邊騎邊找超商，在停紅綠燈時，2個年輕車友停到身旁問：

「請問宜蘭怎麼走？」

一看他們的樣子，知道他們也是在環島，而且由口音聽得出來自對岸，因此我回說：

三貂角

野柳

基隆港

「前面這條直走就可以去宜蘭，你們是環島嗎？騎到那裡會很晚喔！」

「是，我們來自大陸東北，我們是在環島。」

聊了一下，知道他們是90後，來自長春吉林，由台中順時針出發，以騎車露營方式環島，其中一位在美利達車店服務，今晚的目的地是宜蘭某個廟宇。我想了想，來者這麼拚，晚上就要衝到宜蘭，且既然一位在單車業服務，聊聊也可以多了解對岸車友的想法，因此說：

「宜蘭還有很長的一段路，我們也剛好要騎去宜蘭，不如跟著我們吧！我們等等要去台灣最東邊的一座燈塔，就在往宜蘭的路上。」

他們欣然同意也很興奮，因此幾個人先在路旁咖啡店停下來休息，聊天一陣子才出發。

出發後，有了伴又有充分的休息，因此暢快地在台2公路上奔馳，到了福隆已經快五點，但我們都有帶燈，且2位車友雖然年輕卻都有長程旅行的經驗，不怕夜騎，因此先帶他們去吃福隆便當，不然離開三貂角得到頭城大溪才會有地方補給。

結果，天快黑才來到三貂角燈塔，原本想繞進馬崗社區的計畫取消，決定直上三貂角。

雖然時間有些延宕拖到天黑，騎上三貂角燈塔意外地近距離看到燈塔的光芒，讓我們都非常感動，更重要的是：我們已經順利完成第2個台灣極點——三貂角燈塔！一天2個極點入袋，感覺很扎實。

三貂角
燈塔

在三貂角燈塔拍了許多影片照片後，幾個人在夜空下聊著彼此的單車經驗，最後天色完全暗了下來，才依依不捨地下山，準備往今日的落角處——宜蘭市。由於他們是採露營的方式，目的地是宜蘭市一座廟宇，而我們住的是一家已經預先訂好的汽車旅館，因此互相約定明日若可能，可以繼續一起通過蘇花公路。

可能是明日就是除夕，原本會有許多大車的濱海公路車變得很稀少，雖然路燈不多，反而讓我們得以有星空相伴，三貂角到宜蘭市四十幾公里一晃眼就騎完。和2位遠道而來的夥伴告別後，晚上九點終於來到今天預定入住的旅館。

搞定入住手續，發現旅館附近沒有什麼可以吃的，因此到超商買泡麵當成今天的晚餐。大過年的別太挑剔，大家都要過節，有得吃就得偷笑啦！

快速地將車衣褲洗好在旅館房內晾起來，把明天的細部路線再確認一次後，該充電的設備都搞定，時候也已經不早該休息了，希望明天的蘇花公路車別太多，讓我們能順利騎抵花蓮。

## Day 2　是除夕，也是瘋狂的一天

### ◉ 捕捉到難得的日出光景

今天的目標是騎到花蓮，令人興奮的消息是我們第一次北往南走蘇花，雖然南往北走蘇花因為可以靠著海岸，看風景會比較方便，但有機會北往南，換個方向感受一定會不一樣。不過令人擔憂的是今天是除夕，蘇花必定有返鄉車潮，加上不知道遊覽車和砂石車會不會多，萬一塞住或是有其他狀況，心中多少總是會有壓力。因此，今早也是天未亮就出發（這時候的日出時間大約六點三十幾分，我們六點出門），方向是先繞往濱海公路台2線。

Toby對於要走台2有些不解：「昨晚住宜蘭市，去蘇澳直直走就好，為何還要繞到台2線？」

我回她說：「這樣安排，就是想看看有沒有機會看日出囉，走吧！」

結果，我們腳程不夠快來不及趕到台

**Day2** 🚲 **行程概要**（132km）

| | |
|---|---|
| 06:00 宜蘭市 | 12:10 南澳 |
| 08:45 蘇澳 | 16:00 太魯閣大橋 |
| 10:30 粉鳥林漁港 | 17:20 花蓮市 |

2，日出時間到的時候雲也太多，沒機會看到太陽由海面升起，但來到橫跨蘭陽溪且離出海口很近的噶瑪蘭橋時，陽光突然由雲間灑下……

「好美的光喔！」

看到這幅景象，我們都驚呼了起來，這時候立馬拿出相機捕捉這難得的一刻。有了這樣的光景，雖然前面花了一些時間趕路，但絕對值得。

取好所有想要的影像後，途中在馬賽（地名）吃過早餐，隨後穿越隧道進入蘇澳，準備正式進入蘇花公路。

進入蘇花公路前，我們再度將裝備檢查一番，也錄了些影片，一切都準備妥當後出發。

◉ **蘇花公路，我們又來了！**

可能是來得早，蘇花車流沒有預期的多，而且大車因春節有管制也少很多（司機們也要過年），少了壓力的蘇花騎起來輕鬆好多！這樣的結果與預期完全不同，樂得我們決定多繞往東澳灣走走，路過不如進去過，這時候去人應該還不多。

東澳灣往粉鳥林漁港這條路不長，經過蘇花時往下望，可以說是路線上最美的海灣，而若想要在最好的光線下一睹風采，一早由蘇澳出發剛剛好。我們因想避開車潮來得早，因此這時候的東澳灣，真的美得讓人忘記蘇花公路仍有許多驚險路段等著我們。

道路盡頭是粉鳥林漁港，爬上漁港水

泥護堤，可以看到港外別有洞天，這裡是公開的祕境，許多人開車路過都會繞進來，甚至是專程來這裡玩水。以前有時間壓力，經過總是錯過，這次終於有足夠的時間在這裡多待一會兒了。

在粉鳥林漁港停了許久，看到遊客漸漸多了起來，我們才依依不捨地繼續踏上旅程。

在南澳吃過午餐，牽著車四處逛了一會兒，透過微信與2位車友聯絡，得知他們離我們還很遠，因此決定先走不再等他們，畢竟這時候車潮已經湧現，我們也要在天黑前離開山區以策安全（我們到南澳時已經中午了）。

由南澳出發時，將GoPro電池換新以免因沒電錯過重要鏡頭，不然半途停下來換也危險，然後再次檢查尾燈、頭燈，一一確認後繼續往花蓮前進。

返鄉車潮一陣陣，有時沒車時會錯以為這裡不是蘇花公路

過大濁水橋就是進入花蓮縣境了

這裡是「和中」，馬上要進入最精采（險）的隧道群，一直要到崇德才真正地離開山區

絕壁處處的蘇花公路

### ● 抵達花蓮市區

下午四點，來到橫跨立霧溪的太魯閣大橋，這也代表已經離開山區，再來是一大段平整的道路，走完就是花蓮市

這時的陽光已經被雲遮住，而我們行進的方向是逆光，因此在攝影上影像的層次就明顯差很多，這也是大家比較喜歡南往北騎的理由之一

太魯閣大橋

區了。

可能是已經晚了，主車流已經過了大半，路上車子不多，沿途也看到在地的朋友開始再準備年夜飯，而我們離開蘇花一身輕，準備到我們已經有預定的旅館投宿，然後在花蓮過年吃年夜飯。在旅館換裝時往窗外看去，街上冷冷清清的，開始有點擔心找不到地方吃飯，因此原本打算用走的在附近找就好（我們住在花蓮火車站附近），後來想想還是騎著單車出去。

結果，整個花蓮市區入夜後猶如半夜，有開門的店家很少，更遑論餐廳了，我們騎了好久，好不容易找到一家老闆是新住民的麵店有營業，在餓壞了的當下，簡單的乾麵、小菜、餛飩湯已經是我們最豐盛的年夜飯了。

明天是初一，而我們目標要直拉到台東，比起來今天的蘇花路程似乎短了許多，我們要繼續加油啊！

◎ 打理好行囊準備直拚台東

　　有了昨晚差點找不到地方吃晚餐的經驗，早上二話不說，留在飯店吃完早餐再出發，幸好飯店早餐六點就開始，而且菜色豐富分量足，多到還讓我們打包帶走，而且是一群工作人員只服務我們兩個人，看到他們初一清早就忙著，實在很不好意思。

　　但也有留意到從昨晚住進來，感覺上旅客並不多，似乎這家旅館有因中國團客驟減而受影響，但實際狀況如何就不得而知了。

　　吃完早餐打理好行囊，準備今日直拚台東了！

　　其實會這樣規劃有些無奈，因為假期只有8天，我們走的是靠太平洋岸邊的台11，過年期間住的地方不好找，途中只有成功鎮有比較多選擇。但只騎到成功不僅距離太短，也會因到最南端鵝鑾鼻、墾丁太遠，東部得多一天的時間，也就是整個東部會超過4天，剩餘的3天多要騎完西部，除非是吹南風否則太難了，因此趁東

部南下有東北風相助，能多騎就多騎。

　　綜合以上考量，才會決定今天要騎到台東。因應過年期間住的地方不好找，台東的旅館也是事先預訂好，因此今天無論如何就是得拚過去。

> 旅館因為過年沒有做自助餐（猜想是因為住客少）

> 飯店供應的是套餐，好豐富

◎ 太平洋岸騎行

　　在飯店吃完早餐才出來，雖然沒趕上洄瀾灣的日出，不過現場的光景仍然讓人很滿足。在洄瀾灣和一位住在附近的劉老伯聊了一會兒，正式出發準備越過花蓮溪，順著台11由海岸山脈的海岸側往台東前進。

**Day3 🚲 行程概要**（168 km）

| 06:30 | 花蓮市 | 16:15 | 成功 |
| 11:00 | 豐濱 | 17:30 | 東河 |
| 13:00 | 長虹橋 | 19:30 | 台東市 |

台北　宜蘭市
花蓮市
168km
台東市

大年初一，花蓮街上安安靜靜的

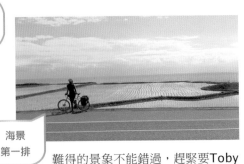

順著洄瀾灣往南，進入花蓮溪左岸接上花蓮大橋，順著走越過海岸山脈最北段尾脈，再來一整天沿著太平洋海岸順風而行，當然，等等得先爬過牛山這段坡。

旁邊是花蓮溪

牛山爬了一陣子，在路旁買幾根香蕉補充一下，水果攤旁的小貓看到我們，慵懶地起來繞了幾圈，似乎對套在脖子上的繩子有些不爽，不過相信主人是好意，不然旁邊是大馬路，一不小心就會變成肉餅。

來到磯崎再度濱臨太平洋，這時的風向有些偏東南，也就是我們處在逆風騎行的狀態，不過偏南的風帶著暖意又帶著海味，吹起來讓人暢快不已。

抵達新社看到海岸旁梯田已經插秧，

海景
第一排

難得的景象不能錯過，趕緊要Toby越過馬路讓我取些景，想像幾個月之後，這裡又會是黃金稻浪加上太平洋海浪的光景吧！

◎ 終於來到今日行程分界點

到了豐濱，準備午餐和休息。原本擔心大年初一沒地方用餐，沒想到這裡的便當店有營業，吃到現炸的雞腿便當已經讓我非常滿足了。

午餐後有些精神不繼，不過看到這樣的大景，讓我眼睛發亮起來

過了底下是秀姑巒溪的長虹橋，代表開始進入下半場。雖然里程上不是一半，不過這裡是海岸山脈南北兩段分界，加上上午爬了座牛山，因此我們把這裡當成是今日行程分界。

長虹橋

由於已經有些疲累且進度沒有延誤，因此在附近的旅客服務中心大休息，養足精神後才繼續下半場的挑戰。

原本考慮到長濱要騎進長光產業道路（那裡有一段超美的「稻」路），不過繞過去得花不少時間，今天有趕路的壓力，

宜灣長老教會
（卡片教堂）

因此作罷。這時看路旁就有些美麗梯田，當然繞進來晃一下，彌補無法去長光產業道路的遺憾。

這趟經過宜灣長老教會特地來看看（以前都只是經過），的確非常有意思，下次有經過不妨也停下來看看。不過要記得一點，部落教會常常就在社區裡面，務必尊重當地居民，別亂闖也別大聲喧嘩。

◉「成功」在望……

下午四點，終於來到成功鎮，這時陽光已經被山脈遮住，所以天色也漸漸暗了下來，在這裡找個超商補充加休息後才繼續向南行。

抵達東河時天已經黑了，有開的店家大排長龍，因此我們還是選擇超商買個麵包再度補充，再來就要進入夜騎，也藉此將頭尾燈都開啟。

努力向台東挺進時，左邊太平洋上的綠島陪著，然後島上燈塔發出的微弱光芒，也不時提醒我們這次目標是造訪四極點上的燈塔。

終於，入夜後的七點半，我們來到今日休息城市——台東市。

這時台東與昨天的花蓮完全不同，鬧區車水馬龍熱鬧非凡，街上到處都是人，而且一看就知道是外地來的遊客（包含我

們），不過我們已經精疲力竭無心閒逛了，還是先到旅館卸裝找地方吃飯吧！

搞定住房手續簡單梳洗，就在旅館旁一家餐廳晚餐，由於這時已經冷颼颼，因此點了一份燒酒雞暖暖身，也順道作為慶祝完成一日騎完海岸山脈頭到山脈尾的行動，然後熱烈地討論明日的行動。

## Day 4 台灣極南──鵝鑾鼻，我們要來了！

### ◉ 因應狀況調整計畫

在行前規劃距離和衡量住宿點時，因

假期有限，前3天有非得騎到台東市的必要，所以前3天住宿都是事先預訂；但考慮到連拚3天體力應該下降，第4天（也就是今天）萬一體力不濟，從旭海之後一直到墾丁，只要覺得不行了，立刻就地尋找住宿點，而且再貴也要停下來，因此住宿就沒有事先訂妥。

不過，騎到台東時從最新的氣象風力預報得知，明天恆春半島可能會有落山風（風速因冷鋒過境變大），如果騎到墾丁之前就停，明天往北時勢必要遭遇落山風，有了這個新狀況，原本的計畫調整為「騎到墾丁是必達。時間許可的話，要繼續往恆春甚至車城」，這樣明日才有機會在落山風出現前離開恆春半島，進入風受中央山脈遮擋的區域。

換句話說，今天又是個長距離移動的日子，因此天未亮就起床，朝著台灣南方繼續前進！

一早，南迴公路已經湧現車潮，因為今天是大年初二，如果說春節期間台灣有一半的人會出門，那初二就是這些人都在路上。根據以往的報導，這時候南迴公路甚至會塞車呢！

**Plan**

**Day4** 🚲 **行程概要**（161 km）

| 06:00 台東市 | 16:05 滿州 |
| 10:10 達仁 | 17:50 鵝鑾鼻燈塔 |
| 12:25 壽卡 | 19:30 恆春 |

台北
宜蘭市
花蓮市
台東市
161km
恆春
極南 鵝鑾鼻燈塔

從天黑騎到天黑，加油！

◉ 朝著台灣南方繼續前進！

來到華源海灣，在一個非常喜歡的角度停下來拍照時，按著快門時和Toby說：

「如果這時候有火車經過那就太完美了！可惜我們得趕路無法多等，而且這裡車多危險，走吧。」

話才剛說完，沒想到就有一列火車由橋下冒出來，由於正在拍照所以相機是開著的，當下就是照片或是影片二選一，我選了後者錄下這個難得的景象，我覺得只能用「心想事成、美夢成真」來形容這時候的感覺了！

在華源海灣拍完照開心地往我們今天的目標前進

台東市區到達仁里程並不短，但由於有些順風，加上我們途中沒有另外安排景點（以前走過且今天車多），因此十點多就來到達仁。不過達仁到最高點壽卡有段路程，且途中也沒有補給點，我們深知提前進行熱量的補充，是有力氣及安全騎車的基本條件，因此在路邊找了家麵店補充一下。

吃完麵緩緩上爬，不知不覺地來到壽卡，我因為昨日花蓮到台東有段路速度拉快時腳有些不適，今天尚未恢復導致爬坡時不敢放全力，因此Toby先抵達壽卡等我，到的時候她已經等了我好一會兒，並指著一對站在對面的父子說：

「他們也在環島，剛剛有和他們聊了一下。」

看了一下他們，覺得裝備很令人訝異，不過忘記拍個照，回來後寫著遊記時不經意地在網路上看到他們的遊記，我幾乎是跪著看完，非常精采。

由壽卡下滑後的199、199甲以及隨後的台26，是我們最喜愛有山有海的路段，雖然這時候少了陽光、也沒有湛藍的海水，不過仍然不減我們對這裡的喜愛。

在海岸輕快地呼喊後，再度入山，準備前往滿州。往滿州途中，我的車後輪沒氣，原本以為是破胎，拆下來查了好久不見有插到釘子或是異物，不過保險起見還是換了條

新內胎，也因此耽擱了不少時間。

來到滿州已經下午四點，不過因為有心理準備要夜騎，且這時沒什麼風，等等到鵝鑾鼻應該不會有太大的困難（指風太大會造成危險）。

滿州市區

### ◉ 第3個極點燈塔完成

接近台灣最南端前的龍磐崩崖地形景觀區，往海上望去，能見度不錯下可以看見蘭嶼，第一次在台灣看見蘭嶼島，感覺非常新鮮。由於這時已經是五點半，天已經快黑，打消到台灣最南端標誌處拍照的計畫，直接到比較靠近鵝鑾鼻燈塔處做個紀錄吧！

加油，快到鵝鑾鼻了！

鵝鑾鼻燈塔要收費，而這麼晚了應該也已經關門，所以我們找了條看起來像可以比較接近的小徑走進來，結果看到當地居民正在販賣剛捕上岸、外型像是旗魚的漁獲，當場就有陸客出價購買。

走到一半，有位當地的朋友問我們：

「你們要去燈塔嗎？這裡沒路喔！」

然後指著旁邊一條不像是路的缺口說：

「從那邊牽過去，然後跟那位大哥說一下，他會讓你們過去。」

「出去下個階梯就是燈塔入口那邊的停車場，這時應該已經下班，進去不用錢。」

進去不用錢……不會吧？！

聽他這麼說，有點不可置信，原本以為關門了，沒想到還能進去而且免費，這也太戲劇化了。

就這樣，我們生平第一次進到鵝鑾鼻燈塔園內，也完成了來到第3個極點上的燈塔。而且也拍到讓我們感動不已的夕陽景色，真是不虛此行！

滿足地離開鵝鑾鼻，在夜色中往北出發，進到墾丁時完全無法相信眼前的景象……原來，春節全台灣最熱鬧的地方是在墾丁大街！

看了眼前景象，完全放棄在墾丁住宿的可能，毫不猶豫地在車流中繼續往北，終於在晚上七點多抵達恆春，找了一家不

算不太貴的民宿住了下來。

　　完成了第3個極點，我們非常地興奮，似乎完成四極點就在眼前了，完全沒想到這4天的東部其實只是前菜，真正的大餐在後頭等著我們。

## Day 5　差點無處可宿的年初三

◉ 吹著暖暖的風在恆春半島悠閒騎車

　　昨夜為了透氣沒關窗（恆春雖然沒有冬天，但也還沒到得開冷氣的溫度），深

夜有低沉的聲浪不時傳進來，一開始還以為是落山風已經開始吹了，不過一早醒來看到天氣那麼好，沒有什麼風，才恍然大悟那些低沉的聲音是來自半夜離開墾丁的車流。

　　4天已經搞定東半部而且如願地來到恆春，今天目標要移動到台南，距離、難度都還好，看到落山風未起，心裡非常輕鬆，出發前先到街上找吃的。

　　在街上逛了一陣子，看到一家傳統早餐店，雖不起眼，但有許多在地人排隊，非

**Day5 🚲 行程概要（141km）**

| 07:30 恆春 | 15:15 高雄市區 |
| 09:25 楓港 | 19:40 台南市區 |
| 13:00 東港 | |

Plan

台北
宜蘭市
花蓮市
台南市
141km
台東市
恆春

常熱絡。我們也被吸引，坐下來先點了水煎包和粽子，入口後才發現這家賣的是素食，而且味道非常棒又道地，因此又加點2個碗粿。吃完仍不滿足，Toby看到來買早餐的一位大嬸機車上有個很特別的早點——烤饅頭，特地向她詢問是在哪買的，依照她說的方向，在街上繼續四處搜尋，果然找到也是很多人的店家。

吃飽喝足了，出發，目標台南！

### ◉ 3條重要省道交會處楓港

離開恆春馬不停蹄地來到楓港，基本上這邊應該不擔心會遇到落山風，因此在超商稍微休息一下。要出發時看到旁邊社區有做過整理，感覺不錯，想到反正今天不趕，不如繞進社區內逛逛，等等再由社區繞

蔡總統祖厝

一圈，應該可以接上原本公路繼續北上。

進到社區不久，一條小徑前有當地人忙著指揮外來的車輛，看到路標才知道這裡是蔡總統祖厝所在地，難怪整個社區整理得很乾淨，我們既然來了，當然要好好地逛逛啦！

台1、台9、台26
3條重要省道交會處

一般人以前可能不知道楓港在哪，但對台灣單車人應該不陌生，因為楓港就在台1、台9、台26這3條重要省道的交會處，逆時針環島若不走墾丁或是牡丹，會在這裡往東越過中央山脈尾段到壽卡。而台1、台9另一個交會口在台北市忠孝西路、中山南路口，也就說，台1、台9串起來可以繞台灣一圈喔！

### ◎ 逆風中往台南前進

離開楓港後繼續往北，累了就在路旁找地方休息，吃吃黑珍珠蓮霧；到東港，也到去年有來的冰店吃刨冰。想想也挺妙的，前天在台東吃燒酒雞去寒，昨晚在恆春吃火鍋，而今天在東港已經熱到要吃冰了。進到市區，風已經漸起，原本要依著台17前往台南，在一個需要轉彎的路口沒留意，結果過頭了，想到這時靠海的台17風不小，逆風騎車很痛苦，因此乾脆順著走改走台1，理論上風會小一點才對。至於有沒有小一點不知道，因為無法把兩地拿來比較，但風起溫降，夜幕又將近，還是先找個地方填飽肚子吧！

> 進入林園，映入眼前的是灰濛的天空和讓人有些煩悶的工業區

> 小港機場

> 接著要穿過範圍廣大的高雄市區

於是在橋頭（高雄橋頭區）來到赫赫有名的丹丹漢堡嚐鮮，又鑽到街上找在地小吃，吃飽沒遺憾了，才繼續在冷得有些發抖的逆風中往台南前進。

一路吃喝來到台南已經快八點，透過App搜尋，價位經濟的住宿點都在市郊，比較接近市區的價位都超級貴，本來已經打算放棄，結果Toby和一家曾經住過的旅館幾經商量，老闆願意將他招待朋友的VIP挪給我們使用，除了價格不搶人，還讓我們將單車牽進去，真是佛心。搞定住宿後，向這位熱忱的老闆連聲道謝，不然今晚不是要流落街頭，就是荷包又要缺一角了。

梳洗後循著旅館服務人員指引，來到旅館附近的大東夜市找晚餐，到了當地只見現場萬頭鑽動，走進去幾乎前胸貼後背，根本無法逛也無法坐下來吃晚餐，只得草草買了些滷味，然後到超商買2包泡麵回旅館。

反正今天已經吃過癮了，晚餐就隨

意，要吃，明天完成第4個極點——國聖港燈塔後，再找地方好好慶祝吧！

## Day 6 起風了！

### ◉ 挑戰最後一個極點燈塔

昨晚看預報，今天不只會低溫，而且七股一帶風力到達5級（應該說西濱幾乎都是）。

經常騎車的朋友應該都有個認知，那就是逆風比爬陡坡更辛苦，因為逆風騎車那股阻力是無止境地壓在前方，即使是停下來依舊貼著你。爬坡則不然，爬到頂就是一路暢快下滑，不然爬累了停下來時，壓力也瞬間歸零。

Toby可能是沉浸在今天就可以將第4個、也是最後一個極點拿下的興奮情緒中，因此即使對她說會有5級逆風，她也不為意。好吧！既然她都不覺得今天要逆風騎車很困難，就等完成國聖港燈塔後看狀況再說了。

一樣是天未亮就起床，出發後首先第一要務是在台南找吃的。雖然沒有多的時間逛台南，但若連這個美食之都的早餐都錯過，那這次的環島就大失色了。

最幸福的早餐方式就是一次找2家，反正騎車耗能大，多吃一些等等就消耗掉了。

我們吃的第一道，是在市中心一家看起來應該是老店（其實台南老店非常多）所賣的早餐，我們點了鮪魚飯以及虱目魚湯；第二道是快離開市區路邊一家不太起眼的早餐店，吃的是粽子以及味噌湯，雖然不起眼，但台南該有的味道通通有，一點都沒漏氣。

**Day6** 🚲 **行程概要**（106km）

| 06:00 | 台南市 | 15:00 | 朴子 |
| 09:00 | 國聖港燈塔 | 16:30 | 北港 |
| 11:00 | 佳里 | | |

吃飽了有了體力，迫不及待地頂著風由台17越過曾文溪，準備進入七股轉往台灣極西。

騎台17由南往北要繞往國聖港燈塔其實路很單純，過國姓橋下滑後有個右迴轉岔路可以在橋下接上173道路，然後往西走到173道路盡頭，這裡也是台61線的盡頭（目前台61還在施工），繼續往黑琵賞

鳥區一直走，最後一個大轉彎往北，就可以遠遠地看到國聖港燈塔了。

我們順著173道路走到底續走，一個大轉彎往北（旁邊是海堤），開始面對強烈的北風，不過國聖港燈塔已經在望，兩個人都興奮地大喊：

「耶！快到了、快到了，國聖港燈塔快到了……」

終於，我們來到台灣第4個極點上的國聖港燈塔！

曾文溪

沿途賞鳥區

高興幾分鐘後，接下來要面對的任務——回家。

國聖港燈塔毫不起眼，但卻是四極點環島不可或缺的一站，也是比較不容易到達的一站（路不好找，冬天風大，夏天酷熱），我們能夠順利完成真的非常高興。本來打算經過燈塔繼續往前然後繞出去，沒想到原本

的路因冬季季風已經將海沙吹到路面上，而且非常厚，路已經完全淹沒。

難怪路口被公單位以水泥塊擋住不讓汽車進入，因此我們原路退出，然後打開手機定位，循著可以繞出去的小路慢慢接往大公路。

這邊提醒一下，如果車友來此真的沒把握出得去，其實由原路出去最單純，反正差沒多少路途；否則這一帶的小路有的走到最後沒有路，走錯一次，就比原路回去還要遠了。

往外繞的過程，在一個很有味道的舊屋前拍照。屋內一熱心位女士出來介紹這裡的大小事，聊過後才知道，她花了不少心思返鄉來把這裡加以整修，要慢慢地經營，後來上網找位置看街景，看過後才知道這屋子原本樣貌竟然如此糟，真是佩服他們。

◎ 媽呀！往北走風真的不是普通的大……

回到台17騎沒多遠，強大北風完全沒有變小的可能，加上2台車都掛著體積不小的行李袋，風阻更大，當下立刻決定由176轉往台19（中央公路）北上，希望靠內陸一些，風能小一點。轉進

**蚵仔**

台灣西濱最大漁獲特產，應該就是路途上大蚵田出產的蚵仔，這裡是產地，當然要找處坐下來嚐嚐，我們吃的是炸蚵以及蚵嗲，沒有太複雜的味道，就是鮮！

台19後，逆風依舊，好不容易來到嘉義朴子肚子又餓了，繞進市區找到鬧區坐下來吃飯，順便計畫未來該如何在強烈東北季風下順利回家。

考慮再來的路程由台19往北離開朴子不久就會進入雲林，雲林路線上容易找到住的城鎮是北港，再往北得到彰化溪湖，但溪湖距離不短（將近70km），而這時已經下午三點，在這樣強風下夜騎太危險，也沒有足夠的體力。

因此，決定騎到北港就好，今天早一點休息好好調整，養足精神後再來挑戰最後2天的逆風路程。

◎ **住宿北港，大啖朝天宮周邊美食**

有了最新的決定，在朴子就不急著離開，與小吃攤的老闆娘天南地北的聊一會兒，才出發來到北港。沒有意外地，香火鼎盛的朝天宮帶來的人潮，已經讓這個南雲林大城嚴重塞車，幸好我們是騎單車來，不然真不知要在車上花多少時間才能進到市區。

在市區找到一家旅館，問了價位後打算住下來，但他們沒有脫水槽，我們無法將累積2天的衣服洗好脫乾，本來猶豫要不要

換一家再問問，結果老闆說，她可以幫忙打電話叫洗衣店來收，價格也很經濟，想想這樣也挺方便的，因此決定就是這裡了。

結果，2天一大堆衣服專人來收又會送回來，洗加脫水才40元（因為有車衣沒有讓他們烘），實在划算！可以說是宗教聖地衍伸出的服務。搞定住宿、衣服送洗，一切安頓好之後，來到離旅館不遠的朝天宮。

沾上花生粉、香菜的豬血糕

古早味杏仁茶似乎不錯，那就來2碗杏仁茶吧！順便加支油條

供奉媽祖的朝天宮常年香火鼎盛，是台灣最重要的宗教聖地之一，時逢春節，各地信徒更是不分日夜湧入。我們除了到宮裡拜拜祈福，更是趁著已經餓扁了的肚子，打算要將宮外各項美食通通吃下肚才甘願。至於明天是否大逆風、計畫要騎到哪，通通等明天再說了！

烤小卷當零食

晚上在朝天宮吃得很過癮也很飽，希望明天有足夠的力氣與逆風抗衡，當然啦！最好是風小一點讓我們可以一口氣推進到新竹，不過夜裡看氣象，心裡知道那是不可能的。

### Day 7　除了逆風之外還是逆風

◉ 一早繼續享用道地北港小吃

在北港好好地休息了一夜，隔天很早就起來，根據天氣預報，好消息是不會下雨，壞消息是風會比昨天還大，路線上幾個靠海的鄉鎮風力＞＝6級，這樣的數字

看在眼裡實在令人頭皮發麻，只能默默地整理好行李，擬好今天的路線先由台19往北，到彰化縣之後再找小路切到台17往鹿港。昨天走台19是為了避風，實際騎到北港風力並沒有小多少，因此決定進彰化後還是回到原本預定的台17。

今天設定的目標低標是騎到大甲，理想是到後龍甚至是竹南。確認好路線先到朝天宮拜拜，然後在街上找在地早餐，來暫時忘卻今日即將面對的強風吧。

在街上繞了一會兒，看到很多家早餐

店都賣同樣一種食物叫做「煎盤粿」，我們找了一家品嚐，發現還真不錯。它由煎黃的米粿加上香腸、滷大腸、米腸等食材，再淋上特製的醬料，味道有鹹有甜，非常下口。

與老闆夫妻聊了一會兒，才知道這種「煎盤粿」是很道地的小吃，遊客來北港一定會吃的一道美食。老闆看我們對這些道地食物充滿好奇，特地推薦我們到附近去找另一種叫「麵線糊加蛋」的早餐，據他說，「麵線糊加蛋」是北港的經典早餐，不吃等於沒來過北港。

有了美食店老闆推薦，聽得我們口水直流，開始循著他說的方向去找，不過好像沒開，Toby乾脆把路人攔下問，最後終於問到了一家。

這位被Toby攔下的年輕人要我們到體育場旁邊看看，那裡應該有。來到體育場，看到右邊有些攤商。果然有家很傳統的早餐攤子，不時有人來買早餐，而且大多是買「麵線糊加蛋」。

「老闆，我們要2個麵線糊加蛋。」

點好後在滿桌還來不及收的空碗旁坐

**Day7** 🚲 **行程概要**（110km）

| | |
|---|---|
| 07:25 **北港** | 16:50 **梧棲** |
| 11:10 **竹塘** | 18:30 **大甲** |
| 13:30 **鹿港** | |

Plan

台北
宜蘭市
大甲
110km
花蓮市
北港
台南市
台東市
恆春

下來，順便幫老闆把桌面稍微整理一下。這道「麵線糊加蛋」是攤上有一鍋煮得非常軟糊的白麵線，客人點時先將去蛋白的蛋黃拌勻，加上麵線糊，再淋上滷肉汁，就是一道令人垂涎三尺的美食。

看著老闆端來的「麵線糊加蛋」，嚐過一小口之後，我和Toby異口同聲地驚呼：「靠！！這是我們環島到目前吃過最好吃最有特色的道地美食啊！」

吃過早餐，想起昨日與嘉義朴子賣當歸麵線老闆娘聊起我們要到北港，她強力推薦我們要來武德宮看一下，那時不明白她為何會推薦，進來後才知武德宮供奉「五路財神爺」，是台灣五路財神的開基

祖廟，也是北港另一個許多人會專程來參拜的廟宇，而且就在我們往北的路線上，難怪她會那麼推薦。

第一次來，也是隨俗地合掌拜拜，不過我不是求財，而是求一路平安回到家。

◉ **離開北港，開始艱辛的一天**

北港一直到彰化縣是典型嘉南平原的景色，沿途多是農園，不過＞＝6的風速下也實在無暇欣賞。由於速度快不起來，加上已經騎了這麼多天，整個人黏在座位上的結果就是屁股越來越不舒服，每騎一段就得下來活動筋骨。

來到竹塘，已經被風吹到有些妄想，妄想切進小徑風可能會比較小，結果當然不可

能，實際上在由小徑切往台17的過程，大
風似乎是由四面八方衝過來，我們都已經放
到最低檔，有時候甚至幾乎踩不動，好不容
易下午一點多，終於推進到鹿港。

進到鹿港已經餓壞了，狼吞虎嚥了龍
山魷魚羹以及豆花、紅豆湯，吃完也沒有
心思在鹿港多逛，稍作休息後就繼續上路
奮戰。

再度回到台17，只騎到線西Toby就
受不了，進到全家超商休息時已經趴了下
去，我也癱在單車旁久久無法站起來。

六點半拖著疲憊的身軀，終於進到大
甲完成了低標。雖然離家還有一百多公
里、雖然風完全沒有要變小的可能，但我
們再也沒力氣繼續前進了，剩下的就留待
明天一次決勝負吧！

已經被6級的逆風吹得胡說八道的我
們，到大甲直接找了一家市區的商旅。

Toby忙著訂房手續時，商旅老闆恰
好過來，由於他也有騎車，而且算是騎很

兒，知道我們已經騎那麼多天，特地分享
如何減緩肌肉疲勞，還交代要浴缸的水可
以熱一點，剛刷好卡拿了房卡的Toby聽了
馬上說：

「可是春節住宿已經花了不少錢了，
今晚省一點，所以我們住沒有浴缸的標準
房耶！」

這時老闆馬上爽快地交代櫃台：

「他們是同好，幫他們升等到有大浴
缸的！」

照片是升等之後的房間，好大，Toby
的表情表示：

「騎車真好，還可以升等……」

搞定住宿，不管明天怎麼樣，先到鎮

瀾宮拜一下，然後將旅館老闆讓我省下來的經費來吃個火鍋壓壓驚吧！

## Day 8 最終日

### ◉ 趁風速平穩，不停趕路

連著3天的陸上強風特報我們已經領受了2天，原本以為今天毫無機會避開，但凌晨醒來不死心再看氣象預報，並思索要不要騎到新竹時改走環島1號線，藉由進入內陸以及山的阻擋，讓逆風可以小一點，這時突然發現，氣象局網站上的風力預報顯示，路線上幾個地區清晨六點風力為4級。

「真的假的？！」

「難道昨天在鎮瀾宮祈願，媽祖有聽見？」

如果您有注意台灣地形以及環島路徑的相對關係，除非走台13或是台3，不然大甲往北到新竹都在海邊；東北季風因為西濱沒有山的屏障，季風由淡水、八里直切過來，風速往往最強。因此如果預報準確，可以利用這段時間多趕些路，等騎到新竹再依體能狀況，決定是否改走環島1號線。

有了最新的對策，清晨五點趕快把Toby挖起來，匆匆打理好行李來到鎮瀾宮再拜過媽祖，在街上吃過早餐，開始騎上回家的路。

出發後真的有感覺風速較平穩，雖一樣有強陣風，但不像昨天一來有時甚至會定桿，或是下坡不踩會倒退嚕的糗境，因此除了騎到苑裡在車站上個洗手間，到白沙屯時在拱天宮拜拜外，不停地往新竹邁進，每騎一大段就有賺到一大段的感覺。

這時已經將在台北事先規劃的幾個景點通通拋諸腦後，因為心裡想的就是：

「我要平安順利地騎回家！」

強風下帶著低溫，海岸巨浪滔天，這樣的情景下來到拱天宮，似乎更能體會先民為何對媽祖信仰這麼樣的虔誠。

**Day8 🚲 行程概要（165km）**

| | |
|---|---|
| 06:00 台中大甲 | 16:00 桃園觀音白沙岬燈塔 |
| 07:35 苗栗苑裡 | 19:20 新北八里 |
| 12:20 新竹南寮 | 22:40 新北中和 |

苑裡火車
站一偶

後龍白沙屯
拱天宮

過了後龍，風似乎逐漸恢復昨日的強度，不過這時陽光出現，少了低溫好受多了。去掉強風的話，冬日陽光下走西濱其實還是很令人愉悅啊！

新竹南寮已經在望，這時是中午十二點多，比預計的時間早，因此決定不轉往山區，進南寮之後續往新豐、觀音，下午風再大我們也要一步步撐回家！

到了觀音陽光已經不見，風也更強了，明明白沙岬燈塔就在路旁小山丘上，我們已經沒有多餘的力氣爬上去，只能隨意拍個照聊表心意。

這時已經是下午四點，離家還有幾公里不重要，因為強風讓均速直掉，如何保暖以及維持體力才是重點，因此只要覺得受不了，就利用快速道路涵洞遮風休息，並吃些餅乾補充體力，然後互相加油打氣繼續再上。

路旁里程標示
是關鍵密碼，
代表台61終點
八里的距離

這邊要說明一下，原本我們的計畫是騎到八里要搭渡輪到淡水，然後由紅樹林站搭捷運回家，不過昨天才想起事實上放假只到昨天，Toby今天還休息是公司調假的關係，也就是說，今天不能搭捷運！不過再怎樣至少騎到八里後因為會大轉向，不再是逆風，因此對我們而言，騎到八里等於就是解放，剩下的路途就輕鬆了。

● 終於回家了

晚上七點，天已經完全黑，快速公路

上汽車飛馳過，強風依舊，搭著台灣海峽海浪衝擊的聲浪撲面，我們默默依著頭燈照出的路吃力地騎著，隨著一段小爬坡來到高點，燈火照亮夜空的台北港浮現。

看到這一幕，我知道我們已完成台灣四極點環島了！

千辛萬苦抵達八里，完成四極點大環島後，在街上找了家自助餐晚餐，老闆娘告訴我們今天不是假日，渡船已經休息，因此原定在八里渡船口拍攝Toby搭渡輪的攝影計畫取消，餐後直接取道關渡大橋穿過台北市區回家，回到家為晚上十點四十分。

文末，將兩個人今天的感想做個分享，來作為這次環島紀錄的結束：

依舊是強風　依舊是低溫
呼嘯聲中我低下身努力踩踏
我們今天挑戰的是
回家的路

這8天的環島騎乘
有順風　有逆風
就像你我的人生道路一樣
順風時　愉悅地往前行
逆風時　更要勇敢面對努力不懈
人家說
台灣人一生至少要環一次島
我覺得
環幾次都好
最重要的是
換個方向　有苦有甘
讓生命變得不一樣
願祝各位車友
都有精采的單車環島行

我們完成大環島了！

YouTube
影片紀錄

與台灣有約_四極點單車環島
https://www.youtube.com/watch?v=ndJs5baAYJM

# 四極點環島路線建議

台灣地處太平洋西北側琉球群島與菲律賓群島之間，西隔台灣海峽與歐亞大陸相望，由於四面環海，又處西太平洋樞紐位置，因此航海貿易自古以來就非常發達。在這樣的背景下，台灣沿海各地建有許多燈塔（包含外島），有些燈塔建得非常早，例如鵝鑾鼻燈塔在清治時期就已經建塔。由於燈塔位置靠海，為了要讓往來船舶清晰可見，因此大多建在岬角或是制高點，風景視野通常都是該地最佳處。

很幸運地，在台灣東、西、南、北4個極點附近都有燈塔，因此想環島且想繞行台灣島最外圈的車友，往往會走四極點環島，並且將4座燈塔設定為目標，如此除了可以一圓環島夢，也可以順覽4個極點美麗風貌。

我們騎完逆時針環島路線後，隔年以順時針方向四極點環島，有關路線規劃，已經整合在前述環島路線建議中，因此不再贅述，這裡僅就4個極點以及附近燈塔的細部路線，依照我們這次的經驗以及以前陸續收集的資訊，在此建議（由最北邊起順時針環島）。

# 極北

**台灣最北端**

**順時針第1個極點**

## 富貴角燈塔

富貴角
燈塔

要特別說明的，是往富貴角燈塔的步道禁止汽、機車進入，單車則沒有限定，但遊客多的時候，要禮讓行人，尤其後段有上下坡，速度過快容易發生危險。

拜訪過燈塔可以不走原路，改由老梅社區接回淡金公路繼續程程；如果是逆時針環島，這裡是最後一站，只要反向由老梅進入即可。

另外，富貴角燈塔與富基漁港間也有步道可行，但有些路段是階階須扛車，考慮環島車友大多裝備較多較重，因此建議還是由老梅這側進出。

### ◉ 概述

位於石門區富貴岬角的富貴角燈塔，於1897年完工，原名富基角燈塔，原本是一座八角形鐵造建築，在西元1962年時改為八角形混凝土塔身。這座有著黑白相間條紋的建築，不僅是台灣本島最北的燈塔，也是日本人在台灣興建的第1座燈塔，當初是為了打造台灣與日本之間的海底電纜以及航路設備而建造的。

### ◉ 單車路線

請參考底下的簡圖，如果是由淡水順時針環島，這裡是第1個極點，由淡金公路右轉老梅路（現場會有指標往富貴角燈塔，很好找），越過淡金公路後循指標即可抵達。這裡

由燈塔往外望去就是台灣本島的最北邊，因此想以地理最北邊為目標的車友，到了富貴角燈塔等於是到了真正的最北了

燈塔園內有腳踏車停放區，沒有腳架的車友可以將單車牽進來，比較不會被常有的強風吹倒

冬季往燈塔的步道會被海沙覆蓋，經過不要勉強騎，改用牽的吧

台灣本島極北
路線簡圖

富貴角燈塔

N

富基漁港

老梅　　往金山

往三芝

2

2

三貂角
燈塔

# 極東
## 三貂角燈塔

需要爬坡
建議順遊馬崗

　　腳力較弱的車友總是不好受，因此若不堅持一定要騎到和燈塔合照，可以下到馬崗社區逛逛，看看台灣本島最東邊的海。這社區近幾年來有些新設的咖啡小館，在台灣本島最東邊的咖啡館喝個咖啡，也是挺有意思的！

　　要特別注意的是，台2線往來大型車輛非常多，而且速度飛快，假如要去燈塔也要去馬崗（除非趕時間，否則很推薦來了馬崗一定要去），穿越台2線的時候務必要注意安全。補充一點，台2線在貢寮福隆與頭城的石城之間靠海側有自行車道，不想與大車爭道的車友可以多加利用。

## ◉ 概述

　　三貂角燈塔是台灣最東端的燈塔，白色的燈塔在碧海藍天的映照下顯得十分搶眼。燈塔高16.5m，每28秒連閃白、紅光2次，射程約25海浬，如果想要進一步了解燈塔，可以於開放時間進入展覽室參觀，裡面展示與燈塔有關的裝備與資訊。

## ◉ 單車路線

　　請參考底下簡圖，三貂角燈塔位於台灣最東的岬角——三貂角之上，與實際最東邊的馬崗隔著台2線。

　　要到三貂角燈塔得爬一段陡坡，是4個極點燈塔唯一需要爬坡的一個，雖然不長，但對

利用福隆與石城之間的自行車道，可以避開在台2線與大型車共道的壓力，也可以更親近海岸，近距離感受海洋的魅力

位於台灣本島最東邊的馬崗有特殊海岸地貌，很容易親近，離開公路下來看看，值得的！

往福隆

2

馬崗

E
□

三貂角燈塔

往頭城

2

台灣本島極東
路線簡圖

# 極南

鵝鑾鼻燈塔

鵝鑾鼻燈塔

## ◉ 概述

擁有雪白圓柱形外觀的鵝鑾鼻燈塔，在藍天綠野的襯托下，顯得格外清新耀眼。鵝鑾鼻燈塔在清光緒時期（西元1881年）即已設立，不但榮登台灣尾的地標，而且塔基築有砲台，圍牆開鑿有砲眼，牆外四周並挖設壕溝，是全世界少見的武裝燈塔。鵝鑾鼻燈塔素有「東亞之光」的美譽，當年因美軍商船羅發號沉船而建，燈塔光力全台第一，也是環台燈塔中最雄偉的一座。

## ◉ 單車路線

鵝鑾鼻燈塔是4個極點燈塔最容易到達的一個，位置就在台26線旁，有收費且單車不能進入，因此建議可以帶著簡單的鎖具將單車鎖在入園的門口。由門口到燈塔不遠，走幾分鐘即可抵達。

雖然鵝鑾鼻燈塔最容易到達，但它的位置離台灣最南端還有些距離，想要親自踏上最南端的車友，可以由另一條小路前往（參考地圖），由於往台灣最南端地標處沒有規定單車不能進去，但這裡遊客非常多，因此可以將單車留在入口鎖住，或是用牽的也行。

台灣本島極南路線簡圖

往墾丁　往滿州

鵝鑾鼻燈塔

台灣最南端

S

最南點與鵝鑾鼻燈塔都是熱門景點，遊客非常多，但夜晚來到鵝鑾鼻燈塔，可以看到發散出不同的光芒與魅力。

國聖港
燈塔

搞不清楚人所在位置。不過幸好近年來手機定位方便，且這裡訊號穩定，因此只要善用地圖定位，要前往國聖港燈塔不難。

而若是順時針環島，則路徑比較單純，只要台17下國姓橋由橋下迴轉進173道路往西一直走，最後一個左轉往北，不久就可以抵達國聖港燈塔。

另外，冬季風沙容易將燈塔北側路面淹沒，因此由北側來得繞道才能進入；由南側雖可以直接到達，但要離開得原路退回到「黑琵灣永續生態漁場」繞小路轉接回省道。總之，要前往國聖港燈塔把手機定位打開準沒錯，並且別來得太晚，否則天黑後在這裡更容易迷路，萬一頭燈不夠亮，更有摔入魚塭的危險。

### ◉ 概述

位於台南七股的國聖港燈塔，又名七股燈塔，這座外觀為鐵塔造型的燈塔，就坐落於台灣最西端，塔高32.7m。原址位於網仔寮汕，後因海岸地形變遷和颱風吹襲造成倒塌，在1970年時移至現址重建。

### ◉ 單車路線

國聖港燈塔是4個極點裡面距離省道公路最遠，也是最難找的一座燈塔，尤其是逆時針方向環島，因為通常車友會設定台南市區為該日的住宿點，因此來到七股大多會偏晚，加上北往南方向要去極西點的路途中有轉彎處，四周大多是長得一樣的魚塭或是潟湖區，有時會

一望無際的潟湖、蚵田、魚塭，如果沒有手機定位，很容易迷失方向。夏季炎熱且附近沒有商店，因此水一定得預先帶足

台灣本島極西
路線簡圖

往布袋

冬季風沙阻斷

國聖港
燈塔

往台南市

W口

國聖港燈塔是4個極點裡面距離省道公路最遠，也是最難找的一個燈塔，但四極點環島車友一定得來拜訪它，車友要留意燈塔北側冬季受季風影響，海沙會將路面淹沒。

# 12條環島順騎自行車道

許多車友要出發環島時，總是想多安排些景點，或是想取道不需要與大車爭道的自行車道，悠閒地享受環島樂趣，但往往騎到後來，可能是體力開始不堪負荷，或是一下子錯過不明顯的自行車道入口而放棄，實在有些可惜。

根據我們的經驗，除非是事先將適合環島時順騎的自行車道排入行程中，並且弄清楚起、終點，否則通常都會被現場許多不定的原因干擾，最後還是走大路。

因此為了讓您在出發前對於適合順騎的自行車道先有基本了解，進而排入時程來豐富環島的樂趣，以下即是依照我們實際騎行經驗，外加因為陪同公單位會勘全台自行車道之便，精選出適合環島順騎的自行車道推薦給您。

**環島順騎自行車道**

- 八里左岸自行車道
- 17公里海岸線自行車道
- 綠光海風自行車道
- 舊草嶺環狀線自行車道
- 三奇稻間美徑、冬山河自行車道
- 七星潭自行車道
- 東螺溪自行車道
- 五富自行車道
- 嘉油自行車道
- 加走灣KAKACAWAN自行車道
- 池上環鄉自行車道
- 八嗡嗡自行車道

由於台灣自行車道非常多，累積距離長達幾千公里，因此這些自行車道是依據以下3個條件來挑選：

1. 不過度影響路程，也就是盡可能路順，頂多稍微繞一下。
2. 景色優異，會想停下腳步多拍幾張照片。
3. 路況路面良好，且不會太難找。

以這3個條件經過篩選後，終於找出12條很有特色的自行車道，其中花東因為環島會走縱谷或東海岸，因此縱谷或東海岸各有2條推薦，也就是說，以環島一圈來走，可以順走10條自行車道。

以下就是我們精選的自行車道，推薦順序以台北為出發點，按照逆時針方向來推薦。

玉富自行車道

### 八里左岸自行車道

路線 1

比較廣泛地看，八里左岸自行車道是大台北河濱自行車道系統其中一段，由台北出發環島時若選擇要走西濱，順遊八里左岸自行車道是很適合的選擇；而若是環島要走靠山側切往新竹，那沿著淡水河往上游走，可以沿著大漢溪畔的自行道一路來到桃園龍潭，都不須經過紅綠燈，好走之外風景也好，因此是我們第一個推薦。

### 17公里海岸線自行車道

路線 2

新竹市的17公里海岸線自行車道風景一直是單車界所津津樂道，尤其它就在環島路線新竹段旁，加上不久的將來最南側會與苗栗綠光海風自行車道竹南段串連，非常適合不想在台61與汽車共道趕路的車友，因此特別納入我們的推薦。

### 綠光海風自行車道

路線 3

綠光海風自行車道特別要推薦的是後龍－通宵這段，這段有著名的好望角、白沙屯拱天宮之外，沿海側可以與發電風車共道，鐵路旁也有一條舊鐵道改建的自行車道可以利用。不過要提醒車友，除非時間不趕，否則要走靠海側或走舊鐵道改建的自行車道只能二擇一，如果都要繞的話會影響環島時程。

### 東螺溪自行車道

路線 4

許多車友環島時會沿台17線前往鹿港，之後不打算繼續沿著靠海側而轉往內陸，例如要走西螺大橋，這時會途經彰化溪湖，而溪湖有條由糖鐵改建的自行車道，可以銜接東螺溪自行車道，最後還能接到省道台1線，剛好可以前往西螺大橋。由於景色優美又可以順接主要道路，因此特別推薦。

### 路線 5 嘉油自行車道

嘉義市是許多車友選為大停留的城市，當離開嘉義市往台南邁進時，會途經水上鄉的北回歸線塔，明顯的塔身自然會吸引不少人停留拍照，也剛好代表要跨過北回歸線進入熱帶地區。嘉油自行車道是中油鐵道改建，起點就在嘉義市區，最後結束於嘉義縣水上鄉的北回歸線附近，因此非常適合作為賞景以及替代省道車水馬龍的好路線。

### 路線 6 池上環鄉自行車道

池上的自行車道應該不用做太多的介紹，只要時間夠，一定要多繞一下。這邊要推薦的除了池上自行車道外，同一線上（縱谷）且距離不遠的關山鎮自行車道系統也建議納入，因為若只去池上沒到關山，其實會有點可惜，因此這兩個系統合併一起推薦。

### 路線 7 玉富自行車道

玉富自行車道也是舊鐵道改建的自行道，而且就在台九線旁，因此很容易進入。這鐵道之所以會改建，是因為玉里鐵橋受歐亞大陸板塊與菲律賓海板塊擠壓，造成鐵橋過大的高低差，因此另擇它線改建，而這個鐵橋也正好成為板塊擠壓成的見證。所以環島若選擇走縱谷，務必繞進來看看這個台灣的驕傲。

### 路線 8 八嗡嗡自行車道

這個自行車道是舊台11線改建，實際上汽車也可以走，不過因為路面寬廣，而且就在太平洋海岸側，根本就是百分之百的順路，車友需要做的，就是經過兩側的出入口時不要錯過即可。

### 路線 9 加走灣KAKACAWAN自行車道（金剛大道）

這是位於台東縣長濱鄉一條「東13」的產業道路，由於一頭指向太平洋，一頭指向海岸山脈，而且道路筆直，兩側沒有電線桿，非常有特色。不過若是要前來，要有爬坡的心理準備，而且它與主要道路不是平行，前往時會影響當天行程，因此在時程計畫上要保留足夠的時間。

### 路線 10 七星潭自行車道

這也是一條非常知名且經典的自行車道，主線位於花蓮市東北側的太平洋岸。我們要推薦車友不管是南下或北上，都可以利用七星潭自行車道與吉安的濱海線自行車道串連，如此可以串出一條由花蓮大橋到新城靠太平洋側的自行車道，這是完全可以避開市區，且又有一流景觀的自行車路線。

### 路線 11 三奇稻間美徑、冬山河自行車道

若想避開羅東、宜蘭市區，可以在冬山鄉轉三奇稻間美徑與冬山河自行車道，甚至可以過了蘭陽溪之後再轉入宜蘭的濱海自行車道，一直騎到頭城再回到台2線。如果能一早進入三奇稻間美徑、冬山河自行車道，會發現晨陽下的冬山河，或是三奇社區美麗的稻野原來是這樣動人。

### 路線 12 舊草嶺環狀線自行車道

除非選擇走北宜公路，否則走舊草嶺環狀線自行車道的舊草嶺隧道，可以省下繞一大段路直接來到福隆，然後轉台2丙（也就是環島1號線）往台北，或是順著省道旁獨立的自行車道，繞過台灣最東邊的三貂角，在福隆回到台2線續往基隆。這條自行車道除了舊鐵路隧道懷舊風光，獨特的海岸景觀也讓人流連忘返。

# 台灣·
# 雙溪雙海
# 大橫貫

經 過多年的騎訪台灣各地，除了探索了原鄉
自然景觀與人文風情，也讚嘆於台灣是
那麼適合以單車來感受她的動人，心裡常
想著，應該還要有一條，能以單車看見台灣高度的
經典路線，來完成我們心中的台灣單車圖譜。

2014年，第一次以一天的時間由台北騎車回雲林老家，來到西螺大橋時已經入夜，雖然天黑，但過橋就是老家，心裡輕鬆著，在沒有什麼車的橋上往出海口方向望著漆黑的河面時，想起老家這條位於濁水溪下游的西螺大橋，已經是台灣單車環島必經之路，也是最重要的景點之一。

再轉頭看往另一側一樣是漆黑的上游，想到這幾年媒體一直在報導日月潭自行車道是全世界最美的自行車道之一，而日月潭的水是來自濁水溪更上游，也是登山車最愛去的的武界（武界壩）。

另外，台灣單車聖地——武嶺，正也是位於濁水溪源頭附近，這時心中靈光浮現，一條非常清晰的路線出現眼前，這路線共通處是西部以上述濁水溪沿途重要單車景點來串連，東側則由立霧溪沿途為主，一條以台灣2大溪流跨越中央山脈來串起台灣兩側台灣海峽以及太平洋的路線，正是台灣高度最佳詮釋。

這個想法一抵達雲林老家，立刻與Toby（我太太）討論，很快就產生共識，並決定要找一天去完成，我們當下就把這路線訂了一個名稱叫做：

> " 台灣·
> **雙溪雙海大橫貫**
> **雙溪：中央山脈以西——濁水溪、中央山脈以東——立霧溪**
> **雙海：西——台灣海峽、東——太平洋** "

由於這路線概念是要沿2條溪流旁道路完整橫貫台灣（不是橫跨台灣最短路徑），有些路段我們不熟，尤其是濁水溪出海口一帶，因此後來又一次的由台北騎回老家，以及另一次開車返鄉，都繞去濁水溪出海口南北兩側尋找最佳的出發點，以及找出由西螺大橋起到集集之間的較佳路線。經過實際探查，考慮要由出海口出發交通接駁不易，除非另有支援車，另外濁水溪出海口南側是六輕工業區，若是吹南風空氣也不佳，不利於肺活量高的單車運動，而老家的西螺有國光客運轉運站，方便正式出發時可以由台北帶單車搭國光號前來，雖然離出海口有二十幾公里（空氣也應該好很多），因此我們還是務實地決定出發點向前設定為西螺。

至於最高點的設定，武嶺是台灣公路最高點沒錯，但若是能由平地（原本要由海拔0m開始）靠自己的力量攻下一座百岳，那該是多有成就感的一件事，這時位於武嶺旁的海拔3417m合歡山主峰當然是最佳選擇，因此，我們計畫來到武嶺時，將單車留在**合歡山主峰**登山口，以徒步方式登上主峰，來完成單車百岳的樂趣。

因橫貫台灣會越過中央山脈，不管是這次的西向東或是未來的東向西，往另一側前進時是爬坡為主的路段，騎行速度慢，適合安排探索景點，因

此結合景點探訪以及時程考量，我們把賞景重心放在濁水溪這一側，等越過中央山脈後就直接滑向立霧溪口不過夜停留，至於東向西，就等下一次反向橫貫時，再將時間放在立霧溪沿途了。

另外，這趟我們也計畫做一次完整的影片紀錄，所以除了慣用的相機外，另外加帶了一台GoPro，作為越嶺後下坡段的主要錄影設備，以保下坡安全。

一切都準備好，出發吧！

## 濁水溪風情畫

4月23日（2015年）晚上九點，帶著

Spot

©MOOK

**合歡山主峰**

海拔3417m，為台灣百岳排名第37，由公路旁登山道爬約1km可抵達，全程水泥路面（以前在Google Maps上拉的路徑約1.5km，但路口標示步道長為10045m）。

單車在台北西站搭上往西螺最後一班國光號，深夜十一點多回到老家，隔天一早告別老家長輩，先到街上吃一盤小時候常吃的九層粿以及綜合湯滿足口腹，讓家

鄉童年記憶中的美味當成這趟行程最佳動能。吃飽後直接騎上西螺大橋進入彰化縣。

原本的計畫是過橋後就右轉，沿濁水溪北岸旁小路往二水前進，但日前在同鄉

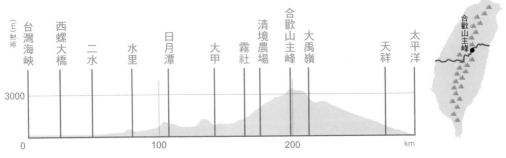

Plan

Day 0 台北 🚌 雲林西螺（搭國光號）

Day 1 雲林西螺 🚲 武界部落

Day 2 武界部落 🚲 清境農場

Day 3 清境農場 🚲 合歡山主峰 🚲 花蓮新城 🚆 🚌 台北

（新城－台北段是搭火車及客運）

好友的FB上看見他分享了濁水溪北岸竹塘鄉木棉道開花盛況，文中一句關鍵密碼：

「高壓電塔85號基座……」

透過Google查詢，才知道這個美麗的地方其實離西螺大橋北端不算遠，因此我們過橋後改成左轉，先沿著堤岸旁小路，去以這個關鍵密碼，開啟進入一個動人祕境之鑰。

找到高壓電塔85號基座旁越堤道，騎到頂上，眼前出現一幅難以置信的美景。傳說中的木棉道就在綠油油稻田中，雖然這時花已謝，但剛冒出來的新葉，翠綠的光彩正好與綠田相互呼應。我們在小徑中來回騎了幾趟，過足癮之後，才再越過堤岸往回走，正式進入沿濁水溪往上游尋溯越嶺之旅。

在彰化平原順著濁水溪北岸的路徑，經由二水自行車道轉152道路進集集綠色隧道，早上七點由西螺出發，中午十一點多終於來到集集，雖然時間有些延宕（畢

竟沿途美景不斷，我們老是把這次屬於挑戰型路程當成休閒騎），但還是在集集街上吃個冰豆花，讓接近正午的燥熱稍稍降個溫。

離開集集後進入投27道路，幾回上下後，大約十二點半進到水里，在水里望著由日月潭經過發電廠再排入溪裡清澈的溪水，考慮是要由131道路經車埕到日月潭，還是由台16續沿濁水溪右岸往上，在地利轉往潭南部落進入日月潭。

由於2條以前都走過，但往潭南部落那段這次可以逆走，因此兩個人稍微討論後，決定還是走台16這段了。

決定好路線，在玉山國家公園水里遊客中心補好水，並在旁邊水里鄉自行車道環線系統上與我最愛、曾經捍衛國家的F-104戰機合影後，開始準備進入台16線，今天的目標是要進到武界部落，而現在已經過了正午，因此下午得加把勁，能不夜騎就不要夜騎。

在台16線與汽車常走往日月潭的台21線岔路口，日治時期的「新高登山口」石碑旁商店停了一下，這裡除了買瓶沙士再次降溫外，也小小猶豫了一下，因為走台21線往日月潭是最近的路線，但也是最無趣的路線，問了Toby有沒有興趣，她毫不

考慮地回我：

「免談！」

「不然我們回水里搭火車好了……」

看來她意志堅定，要完成這趟雙溪雙海大橫貫是使命必達囉。

「新高登山口」石碑

進入台16線由於高度漸高，也離開了車水馬龍的新中橫，因此高溫不再，加上上午在平緩為主的平原段熱過身，騎起來舒服多了。

不過好景不常，抵達往羅羅谷部落（人和）岔路口，台16因施工要很晚才會開放通行，也就是說我們得繞進羅羅谷部落一大圈後才能回到主線，或許因為常跑部落路線而習慣遇到道路有狀況，我們並沒有因要改道得多花更多時間而懊惱，反而覺得剛好可以途經一個布農部落而開心。

繞往羅羅谷部落途中，巧遇幾位愛走林道的登山車前輩，他們剛下山，大家就停在路旁聊了起來，我們也幾乎忘記還要

拚到武界這回事，直到陽光被烏雲擋住吹起冷風，想起後面還得趕路，才依依不捨地和他們告別繼續前進。

本來就已經晚了，加上遇到車友開聊，夜騎已經無法避免，除非變更計畫改在日月潭或是埔里過夜，但計畫一改，明後2天的行程會受影響，因此轉進往潭南部落的投63道路後，兩個人埋頭加緊趕路，終於在傍晚四點半抵達日月潭，在伊達邵稍作休並吃點東西後，立刻繼續往武界部落前進。

日月潭

其實夜裡埔里盆地的燈火很迷人呢！

在日月潭往武界路上，由於進入武界需要爬一大段山路，一定會夜騎，因此除了在路旁再次補給，也先撥電話與部落裡的民宿先確認有房間。搞定住宿後，接著就是專心拚上最後這段大陸坡進入武界了，明天是很輕鬆的一天，今天就先苦後甘啦……

．

武界夜騎，我們來了！

經過幾十分鐘的努力，終於來到卓社隧道，這時剛過晚上七點，由於過隧道就是下滑，這表示很快就可以到達部落了，不過以前白天由部落騎上來時，有注意到路上的排水溝蓋縫隙非常大，下滑時若是沒注意卡住輪胎會出意外，因此特別提醒Toby要小心，別因快到部落而鬆懈了注意力。

戰戰兢兢地下滑中，已經可以看見武界部落的燈火越來越近……

順利進入部落後，先到村裡商店採買泡麵當晚餐，民宿的老闆娘幫我們煮了開水泡麵，由於他們今天恰好晚開伙，因此邀請我們一起晚餐，累了一天並愉快地暢談後，終於可以舒眠一夜。

明天是輕鬆騎，我們要由武界慢慢騎往霧社，續攻上清境農場，然後盡可能在台灣最高海拔的7-11（也是清境地區的最高處）附近找民宿住下來，這樣後天攻上武嶺、合歡山主峰就可以越早到達了。

好好睡一覺，明天可以好好在武界逛一圈。

## 奮戰異域的孤軍

一早起床，望向曾經在那邊欣賞武界雲海的山上，這時谷間披著尚未散去的薄霧，看來今早武界也是有出現雲海，這裡

真不愧有著「雲的故鄉」美譽。

除了要配合路程，想欣賞武界清晨陽光剛灑落時的景色，也是我們連夜騎進來的理由呢！整理好行李離開民宿，在部落小逛一圈後直接前往今天的第一站——武界壩。

站在攔截濁水溪溪水，經引水隧道送至日月潭的武界壩前，調整好心情，準備進入第二天正式行程：武界部落—

武界壩

投83沿途農田風光

清境農場。

出發後順著因被水壩攔截而乾枯的濁水溪床，先往下游騎一小段，然後切回頭進入投83騎往霧社。

騎累了站在路旁休息，Toby看著眼前優美風光有感而發說：

> **66 這路線雖然累但真是美，不過你說濁水溪是台灣『母親之河』，是真的嗎？ 99**

「是啊，不然妳看底下，那裡就是答案了！」我對溪底一個形狀特別的小綠洲比了比。曾經在臉書上看過朋友分享過這裡形似台灣的小綠洲，沒想到今天會在這裡親眼看見，讓我們橫貫台灣的挑戰多了一分樂趣。

形似台灣的
小綠洲

順著投83往霧社，也是沿濁水溪往上游走，很快地經過幾個布農、泰雅、賽德克族部落和萬大發電廠，以及淤積嚴重，又因遭大旱近乎見底的萬大水庫後，上到了霧社。

來到海拔1000m出頭的霧社雖還不到中午，但肚子也餓了，加上今天時間不趕，因此在霧社找了一家餐廳坐下來吃頓豐盛的午餐，休息好一會兒才再度出發。再來的目標很簡單，騎到清境農場找個清爽乾淨的民宿住下來，養精蓄銳準備明日長距離高海拔的挑戰！

吃飽離開霧社進入台14甲，這時濁水溪已經落在右側下方了。

抵達清境農場天氣開始轉陰，由於氣象預報下午降雨機率很高，因此在清境農場前，向阿伯買了些水果準備晚上吃之外，也請他推薦附近的過夜地點，希望能找到離武嶺更近一點的民宿。

果然請在地人推薦很快，他帶著我們找到一位也是在這裡賣水果的女士，她位於「博望新村」老家有民宿（而且是合法民宿），博望新村位置已經比全台最高7-11富嘉門市還高，非常合乎我們的需求。因此決定不再多做選擇，當場付錢預訂了下來，請她聯絡家人確認房間。就這樣，由清境農

場起，我把手上多掛了一袋水果，搖搖晃晃地騎到了海拔2044m的「博望新村」找尋今天過夜的地方。

按著女士給的地址，穿過「博望新村」牌樓下滑一會兒，眼前出現兩排眷村式的水泥平房，進到地址中的民宿，才赫然想起「博望新村」就是曾經在大陸滇緬邊疆，奮戰異域的孤軍及其眷屬所住之處，我們已經誤打誤撞住到了這個非常具有歷史意義的村落了。

這樣的民宿，講究的不是高雅豪華，可貴的是內部陳設不是到外面去收集，是自家數十年累積下來的生命記錄。

辦好入住的手續，將單車、行李卸

下，梳洗後到村中逛逛。

社區口有個清境社區發展協會，裡頭有許多照片及文字，記錄了這個結合十多個種族的社區數十年來的點滴，也細數了他們如何由異域輾轉流離到這個海拔2044m，位於台灣深山的小村落。

下午清境下起雨，入夜後雖有轉小，但深夜走到戶外還是沒看見星光，看來明天的天氣可能不會太好，這時不敢奢望是藍天白雲，只希望別下雨就好。幸好清晨起床雨沒下了，雖然仍不見星光（我們四點就起床），但看了氣象預報降雨機率不高，心裡輕鬆了些。

清晨四點半踏出民宿，準備越過中央山脈到花蓮囉。當然，越嶺之前要先登上一座台灣百岳——3417m的合歡山主峰！

## 越過武嶺進入立霧溪流域，奔向浩瀚太平洋

踩著踏板在低溫中由漆黑到天亮，台14甲一直籠罩在濃霧之中，山谷下方的賽德克部落只有偶爾在雲間露出，提醒我們高度已經不低。

騎累了，就站在鐵杉（應該是吧）樹旁，聽著樹梢白眉畫眉特有鳴唱聲小憩，

然後找了處空曠安全的路邊，拿出前一天在7-11富家門市買的麵包、咖啡，吃起我們的戶外高山早餐。由於一路都是濃霧，加上溫度直降（風也大），因此途中沒有太多停留拍照，八點多已經來到合歡山主峰步道入口，將單車放在入口旁，雖然週四晚上匆忙間忘記帶鎖出門，不過這麼早，會來的朋友應該想多爬山運動，不會借去騎才是。

2015.4.19（日）9:09
攝於合歡山主峰
（3416m是舊標高），
台灣百岳排名第37

留下單車、背包，輕裝進入步道，接近峰頂時已經是狂風大作，吹得幾乎站不住腳。這時環顧四周還是大霧茫茫，因此就以想像代替鏡頭，為我們第一次由平地攻上百岳留下難忘的紀錄了。

單車由平地上百岳，成功！當然，不能免俗地來到武嶺也要留下影像紀錄。

在武嶺拍照時，原本濃霧中的鞍部突然雲散開，此時不管是開車來的還是我們，都為眼前壯闊雲景驚呼了起來，趕緊以相機將眼前萬馬奔騰的景象錄了下來。我想，這該是老天送給我們的最佳登頂禮物吧，實在太棒啦！

> 雲層忽然展開，合歡谷地呈現眼前

> 雲開了，通過武嶺下方山谷的濁水溪源流也出現了

> 不同方向、不同速度下，太魯閣峽谷總是讓人震撼不已！

在武嶺拍完奔騰的雲海後，將GoPro裝上安全帽，整理好心情，開始出發，我們要沿著立霧溪流域順流而下，奔向浩瀚太平洋囉。

快速下滑中，高山寒原的景象逐漸變換為針葉林、混生林，當然溫度也漸漸再度升高。我們在關原加油站停下脫衣外，也在此以加油站販賣的熱粽子以及現磨咖啡當成午餐，休息一會兒。爬上一段上坡後，再度進入長距離連續下坡，由武嶺出發3個多鐘頭後，終於要進入太魯閣峽谷了。

來到這裡，行程已經接近尾聲了，原本計畫要騎到崇德的太平洋海岸，因為能見度不佳而作罷。我們知道，雖然概念上是雙溪雙海，但最大的樂趣還是實現計畫的過程，能夠騎到此，我們已經完美地完成這次計畫。真正由台灣海峽出發、太平洋結束的路程，希望更多的車友能一起來完成才更有意義。

因此，我們把這次的行程在通過太魯閣後，當看見遠方橫跨立霧溪的太魯閣大橋這一刻，來當成結束。完成了這次挑戰，接著騎往附近的7-11取回提前寄來的攜車袋，然後到新城車站搭上區間車到羅東，由轉運站搭首都客運回台北。

YouTube
影片紀錄

在文章一開始提到，我們這趟計畫做一次完整的影片紀錄，經過幾天的剪輯，以下即是這次行程精華，由於全程以高畫質的1080 60P模式拍攝，建議以桌機全螢幕或高解度電視，並選1080 P60解析度觀賞（開啟喇叭）。

**台灣‧雙溪雙海大橫貫**
https://www.youtube.com/
watch?v=OSoHqkz-XOI

另外，武嶺之後往花蓮的下滑段，由於非常喜歡這段，而且這次收錄不少鏡頭，因此加剪了一支單車療癒系影片，長度11分23秒，無旁白無劇情，只有風聲和簡單的音樂，記錄由3275m武嶺下滑至平地的過程，呈現沿途真實風光。

**滑向夢想之路，武嶺－太魯閣**
https://www.youtube.com/
watch?v=ebEsOpd1brI

# 台灣・雙溪雙海大橫貫路線建議

**這**是一條以沿濁水溪、立霧溪旁道路所規劃出橫貫台灣的路徑，起、終點是台灣海峽、太平洋，因此我們將此路線稱為「雙溪雙海大橫貫」。

就如遊記裡所說，由台灣海峽往另一側（即由西向東）前進時，前半段是爬坡，因騎行速度慢，見聞容易豐富，適合安排景點深度探索，因此由西向東的「雙溪雙海大橫貫」賞遊重心，是由濁水溪口到武嶺（合歡山主峰為加碼健走）這段約200km的爬坡路程（詳見P.131濁水溪沿途重要單車景點）。

其中濁水溪口到霧社因為開發多，道路自然也多，因此路徑會有些不同選擇；而過了霧社越過武嶺、克難關後就幾乎是連續下滑，路線也相對單純，也因為下滑時須專注於單車掌控，因此較不適合安排過複雜的景點。

基於以上主客觀因素，以下將路線分為4段詳細說明，希望這些資料能讓讀者更有效率地計畫出屬於自己的橫貫路線。

1. 濁水溪出海口－南投水里

2. 南投水里－南投埔里

3. 南投埔里－清境農場

4. 清境農場－武嶺－花蓮太魯閣（崇德）

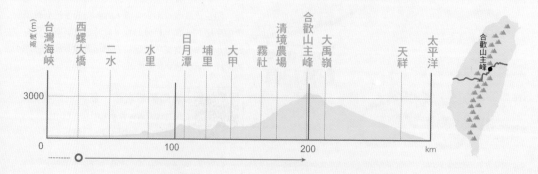

# 濁水溪出海口－南投水里

## ◉ 路線說明

由於起點預設為濁水溪出海口，考慮路順及補給、景點等因素，建議可以先由南岸的六輕出發（地圖上的綠色虛線），過了西螺後就盡可能走濁水溪右岸（北岸），等未來有機會東進時，靠台灣海峽側這段再考慮是否走靠林內這邊的左岸（南岸）。

若要由出海口北岸出發，出發點可以設定在彰化縣大城鄉靠濁水溪出海口。

在坡度方面，由濁水溪出海口到南投的水里，前半段因爬升量很低（大約在二水、濁水之前），因此不會有爬坡的感覺，頂多快到集集之前若走集集綠色隧道才會有一些爬坡（參考下方的高度圖）。

我們因為考慮交通節點及時間，實際上沒有由出海口出發，而是由西螺開始騎，如果由出海口南岸出發，建議由六輕工業區經堤岸旁防汛道路或154縣道到西螺，過西螺大橋後轉至濁水溪北岸，再經小路銜接到152縣道，經過南投林間鄉的濁水後，可以續走集集綠色隧道（道路編號亦為152縣道）到集集，然後轉台16直抵水里；或是經濁水改走台16到水里。

## ◉ 賞遊景點推薦

六輕工業區景觀、西螺老街、西螺大橋、竹塘木棉道（位於北岸）、二水自行車道、集集綠色隧道、水里街市。另外，可以觀察濁水溪沖積平原中的田園、作物及風俗民情。

## ◉ 住宿及補給點建議

這段以西螺、集集、水里3個鄉鎮較熱鬧，除了方便補給休息，民宿旅館也較多，因此適合作為住宿預定地點。

## ◉ 交通建議

西螺的客運轉運站有國道客運停靠，因此適合前往起點的交通節點。

**濁水溪出海口～南投水里高度圖**

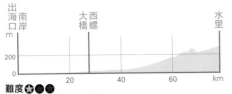

難度 ★★★

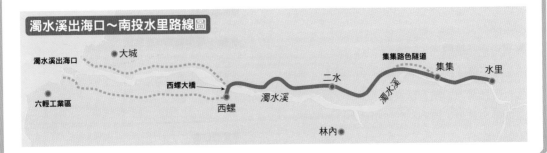
**濁水溪出海口～南投水里路線圖**

# 南投水里－南投埔里

## ◉ 路線說明

　　水里到埔里路徑逐漸開始入山，由於路線主軸是以濁水溪沿途為主，因此建議要經過水來自位於濁水溪上游武界壩的日月潭，依此規劃可以選擇A或B路線。

　　路線A主要是離開水里後仍沿著濁水溪走台16，然後轉投63經潭南部落到日月潭，後再轉投69接131縣道到埔里，這路線相較於路線B，距離長且爬升和陡度都較高。

　　路線B則是以台21為主，

經日月潭後直接往埔里，這條的優點是路大好走，缺點是除日月潭外沿途景觀較平淡，因此若體力及時間允許，這段建議走路線A。

　　若以景觀為主，路線C可以經過風光明媚的車埕及明湖、明潭水庫，但若要到日月潭則需要往回繞，因此在時間允許下也是可以考慮的選擇。

## ◉ 賞遊景點推薦

　　選擇路線A的話，會經過潭南部落、伊達邵、日月潭等景點，以及漸入山區後與前段平原地帶因氣候、地形不同所形成不同的茶園、果園景觀。

## ◉ 住宿及補給點建議

　　路線A的伊達邵，路線B的水社都在日月潭周邊，為中途主要補給點；日月潭及埔里住宿選擇極多，適合作為過夜地點。

**水里～埔里路線圖**

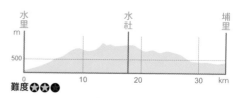

**水里～埔里路線A高度圖**

難度 ★★★

**水里～埔里路線B高度圖**

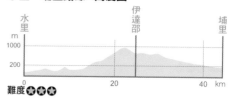

難度 ★★●

多爬坡段
具挑戰性

# 南投埔里－清境農場

◉ 路線説明

　　延續前面以濁水溪沿途為主，埔里到清境農場建議走投71經武界接投83到霧社，然後續由台14甲到清境農場。當然，若時間有限可以直取台14到霧社接台14甲，只是兩者景觀差異極大，因此仍

建議規劃上儘量以經過武界的路線為主，直取台14的走法可作為途中更改路線的備選。

◉ 賞遊景點推薦

　　沿途布農、泰雅、賽德克部落，武界壩、武界水庫、霧社（萬大）水庫、霧社各景點、清境農場，以及高海拔農業景觀。

◉ 住宿及補給點建議

沿途部落有小型雜貨店可做簡易補給，要到霧社、清境農場才有較多的選擇（也才有超商）；武界有幾家民宿，另外霧社到清境農場沿途有許多民宿，但以清境農場附近最多。

**埔里～清境農場路線圖**

清境農場
霧社
萬大水庫
14
14
投83
濁水溪
投83
埔里
14
投71
武界
武界水庫

**埔里～清境農場（台14/台14甲）高度圖**

埔里
清境農場
m
2000
1000
0　　　10　　　20　　　30　km
難度 ★★★

**埔里～清境農場（投71/投83/台14甲）高度圖**

埔里
清境農場
m
2000
1000
0　　　10　　　20　　　30　　　40　　　50　km
難度 ★★★

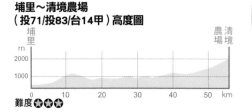

# 清境農場－武嶺－太魯閣（崇德）

## ◎ 路線説明

結合景點探訪以及時程考量，我們把賞景重心放在濁水溪這一側，等越過中央山脈後就直接滑向立霧溪口不作過夜停留，至於東向西，就等下一次反向橫貫時，再將時間放在立霧溪沿途了。

## ◎ 賞遊景點推薦

清境農場至大禹嶺高山景觀，加碼合歡山主峰、大禹嶺至太魯閣沿途因不同海拔高度形成的不同林相，當然還有太魯閣峽谷以及行程終點的太平洋海岸。

## ◎ 住宿及補給點建議

清境農場之後以松雪樓為最推薦的住宿點，但務必有預訂到才能設為住宿點，若下滑後要在太魯閣峽谷多停留一天，天祥是適合作為住宿點的安排。

在補給方面，清境農場之後高山段有「合歡山3158 Café」、太魯閣國家公園合歡山管理站及大禹嶺的雜貨店，之後就以關原加油站、碧綠、天祥等有得補給，由於大多是簡易餐點或雜貨店（只有天祥有超商），因此強烈建議在清境農場就要將所需預先做好補給。

## ◎ 交通建議

離開山區後建議前往新城，這邊有新城火車站以及走蘇花改的客運（單車須收納至攜車袋）可以搭乘，若要往南台灣，可以騎往花蓮市轉搭火車（花蓮站班次較多）。

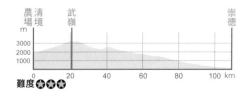

清境農場～武嶺～太魯閣（崇德）高度圖

難度 ★★★

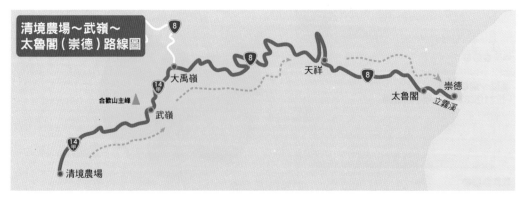

清境農場～武嶺～
太魯閣（崇德）路線圖

濁水溪出海口北岸
（彰化縣大城鄉）

濁水溪出海口南岸，
台塑六輕工業區旁港邊
堤道（雲林縣麥寮鄉）

濁水溪出海口南岸，
台塑六輕工業區
（雲林縣麥寮鄉）

日月潭

武界壩

抵達武嶺前的
台14甲線公路

劃過太魯閣峽
谷的立霧溪

# 濁水溪沿途重要單車景點

　　濁水溪沿途重要單車景點，由西往東依序為

**西螺大橋：**距濁水溪出海口二十幾公里，是單車環島重
要一站。

**日月潭：**日月潭的水是來自濁水溪（引自武界壩），環
湖自行車道為世界最美的自行車道之一。

**武巴公路：**武界壩下游濁水溪溪床，是登山車愛好者最
愛拜訪地。

**武嶺：**海拔3275m的武嶺為台灣公路最高點，也是台灣
單車聖地。合歡山是大甲溪、濁水溪與立霧溪的分水嶺。

**立霧溪流域：**由西向東則為大禹嶺／新白楊／洛韶／天
祥／太魯閣／崇德等點。

# 台灣橫貫，東向西

尚德著作的《百年立霧溪：太魯閣橫貫道路開拓史》中，講述這條貫穿太魯閣峽谷道路的開拓史，並提到其中一段路在歷史中曾是「太魯閣產金道路」，在日治時期因採金而闢建，並詳述這條路線的演變史。這讓我產生想走一次以這些歷史故事所串接的橫貫台灣東進路線，東半段就是以合歡越嶺道為軸，以探索產金、發電、太魯閣族相關景點或史蹟的主題式深度遊路線，而終點就設在上次西進時，因時間與交通問題沒有去的濁水溪出海口。

## 歷史故事所串接的
## 橫貫台灣東進路線

2017年5月，好友shosho找我陪一個單車環球家庭Xavier和Celine一家人，到東部騎車，不免俗地帶他們騎進太魯閣峽谷。閒聊中，發現熱愛單車的他們很清楚台灣知名的國際單車賽事KOM（Taiwan KOM Challenge，路線為花蓮七星潭到海拔3275m的武嶺，賽事長度約100km）會經過太魯閣峽谷，當然也知道它的挑戰難度。

由於他們來自瑞士，加上那次行程我想順道看看花蓮新城天主堂中的新城神社

殉難將士
瘞骨碑

遺跡，而且長居台灣並守護這個古蹟的戴神父也是來自瑞士，因此除了去太魯閣峽谷外，也特地帶著他們造訪新城天主堂，在天主堂恰好遇到戴神父，在他講述下，讓我們對於古蹟守護所代表的意義有更深的了解。

那次的造訪，天主堂花園一角有個「殉難將士瘞骨碑」引起我注意，回來後上網查詢，了解那個碑原來和太魯閣族有相當大的關係，是「新城事件」後日方為紀念殉難的軍警人員所立，由於「新城事件」是埋下「太魯閣戰役」的導火線，因此知道這個碑極具意義。

◉ 緣起

有了這個起頭，又拜讀金尚德著作的《百年立霧溪：太魯閣橫貫道路開拓史》，書中提到其中一段路在歷史中曾是「太魯閣產金道路」，是日治時期因採金而闢建，這令我產生更大的好奇。因為幾年前在立霧溪出海口左岸，遇到一位太魯閣族朋友，在介紹他家鄉時，曾經提過以前附近有採金的工廠，由於書中對於產金道路闢建來龍去脈交代非常清楚，讓那次聽到的故事有了完整銜接。

另外，書中也詳述這條路線的演變史：從太魯閣族遷徙之路，變成日本政府征討原住民的軍用道路，到了日治時期後轉變為合歡越嶺道、產金道路、發電道路，一直到民國後則成為東西橫貫公路（中橫公路）。

有了以上線索，讓我產生想走一次以這些歷史故事所串接的橫貫台灣東進路

**Plan**

Day 1 台北 🚃 新城 🚲 太魯閣

Day 2 錐麓古道 🚶 白楊步道（健走日。白楊步道為預備路線，

若時間夠可以加碼前往）

Day 3 太魯閣 🚲 洛韶

Day 4 洛韶 🚲 大禹嶺

Day 5 大禹嶺 🚲 埔里

Day 6 埔里 🚲 濁水溪出海口

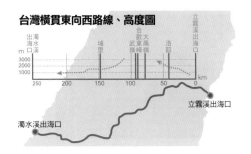

**台灣橫貫東向西路線、高度圖**

---

2012年7月在崇德部落，騎著機車的太魯閣族朋友介紹附近曾經有淘金場

線，而東半段就是以合歡越嶺道（中橫公路前身）為軸，以探索產金、發電、太魯閣族相關景點或史蹟的主題式深度遊路線，而終點就設在上次西進時，因時間與交通問題沒有去的濁水溪出海口。

在時程安排上，除了合歡越嶺道歷史起頭的立霧溪口以及新城一帶，最重要也最令人津津樂道的，就是位於峽谷懸崖上

錐麓古道段，但錐麓古道需要申請，且得徒步健走，這兩處需要較多的時間，因此我們選擇在2019年初春節假期，以6天的時間來安排這次橫貫台灣東進行程，行程安排如上方圖表。

**Day 1　立霧溪出海口**

行程第一天，我們將單車打包先搭首都客運到宜蘭，再轉搭兩鐵火車到花蓮新城。

抵達新城接近中午，組好車，到超商將攜車袋寄到台灣西岸的雲林西螺（我的老家）。由於行程結束後我們要由西螺搭客運北返，攜車袋寄過去就不需要隨身帶

著，除可以減輕一些重量，也可騰出行李袋空間，途中可以採買些地方特產帶回家鄉。

今天天氣非常棒，除了有冬日難得的陽光，氣溫也不會太低，是個騎車的好日子。跨上單車，兩個人第一站先到立霧溪出海口南岸，太平洋上海浪拍打著沙灘，站在海堤上望向太魯閣峽谷彼端，至此，我們這趟「台灣橫貫，東向西」正式出發了！

出發後第一站是新城天主堂，在這邊向第一次來的Toby簡要說明前述提到天主堂前身是新城神社的身世。

由於今天時間充裕，因此在這裡停留許久，除了在天主堂區四處觀賞，也到外面查看鳥居，讓Toby看看當初天主堂的神職人員如何將鳥居的造型改變為中式牌樓，以避免被拆除的命運，也因為他們的有心，如今才能留給我們追溯一些些歷史記憶。

完成立霧溪出海口出發和拜訪新城天主堂，肚子也餓了，在新城市區簡單用過餐，循著一條大多是當地原住民在走的小徑前往富世、太魯閣，這時的重點是在太魯閣牌樓前廣場，觀看對岸的東部發電廠立霧機組（立霧發電廠）。

走到東西橫貫公路牌樓旁的錦文橋邊，我指向位於稍微比較下游的發電廠對Toby說：

「妳看，發電廠就在對面！」

Toby有點不解地說：

「你為什麼帶我來這邊看發電廠，這個跟我們要騎的路有什麼關係？」

「這發電廠在日治時期建置好不久就被颱風摧毀，是光復後才再重建的。而在當初為了在上游建調整池，所以才向峽谷內開新路，後來因產金需求，路再度向內拉，中橫就是這樣慢慢長出來的啊！」

我按照對書上的理解，試著讓Toby知道我們這幾天要走的，是前人一次一次所開闢出來的路徑，弄懂了，也可以更理解台灣的身世。

由立霧溪出海口按著歷史上幾個重要景點摸索，一路來到太魯閣口，完成所有想要探索的景點後，晚上入住已經來過幾次的民宿，並在當地經營餐廳的好友董兄處晚餐。

今天早一點休息，明日一早我們要前往錐麓古道繼續探索。

## Day 2 錐麓古道、白楊步道

今天是健走日不騎車，考慮**錐麓古道**入園有限制時間（須於7:00～10:00入園），一早在民宿吃過早餐就趕緊在民宿前搭公車前往入園。由於是國家公園又是台灣重要的國際觀光區，老實說大眾運輸非常便利，一會兒工夫就來到錐麓古道位於燕子口的入口。

**錐麓古道**

錐麓古道長約1.2km，高約600m，是合歡越嶺古道主線保存最完整的路段。1914年，日本人發動太魯閣戰役，先修築太魯閣到霧社的軍用道路，戰後為加強管理原住民，再全力開鑿錐麓斷崖道路。入園須事先申請，目前步道僅開放3.1km（錐麓吊橋至斷崖駐在所）。

讓工作人員驗過申請登記的身分，購好票進入閘門，我們終於踏上這個期待已久的步道。

從事前查得的資料，由錐麓吊橋至懸崖段須連續爬升500m，里程不長但陡度不低，因此Toby向民宿借了一支登山杖，我則在步道入口附近撿了一支前面遊客留下的樹枝充當登山杖，開始一步步地往上爬。

半個小時後抵達巴達岡部落，由巴達岡往回望向立霧溪，幾不見底的深峻山谷、密不透光的森林，這時更能理解1914年台灣總督佐久間佐馬太發動太魯閣戰役時，光是要在這樣的環境下推進就是件難以想像的事，而又遭遇叱吒山林的太魯閣族人英勇抵抗，戰事必定慘烈。

由錐麓吊橋出發，踏著地上不時有大理石碎塊的土階、石階，大約1個半小時，

由錐麓古道
入口處的吊橋
觀看燕子口峽谷

巴達岡部落
舊址

視野漸漸開闊，來到左側是深到已經超過
我懼高感深度的立霧溪峽谷，而右側是直
挺雲霄絕壁的古道錐麓斷崖段，看到前方
由前人以血淚鑿出的古道，心裡非常震
撼！

　　尤其看到峽谷下方不時穿過岩壁的中
橫公路，這條後來日治時期因發電、產
金，民國時期因戰略建設而陸續建構的道
路，整個呈現眼前的就是
一段穿越時空的立體歷史
場景。Toby看著眼前令
人讚嘆無比的景象，幽幽
地說：

**這古道台灣人
一生一定要來一次，
真的！**

　　的確，她短短的這句，也是我一步步
踏上這條古道後想說的感受了。

　　這段在懸崖鑿出的道路雖然驚險，但
因為國家公園積極維護，有些危險段也加
了護欄，因此不難走，很快地走到目前通
行終點的斷崖駐在所，稍作休息就掉頭下
山回到燕子口。

　　回到燕子口十二點剛過，比預計的時
間早很多，因此不假思索
直接搭公車來到天祥，吃
點東西後加碼徒步至白楊
步道。早年有些車友來白
楊步道是直接騎單車進

入，的確，這步道平緩路況極佳，但遊客非常多，若單車可以騎進來其實也很容易遭來白眼，因此還是乖乖地當成一般遊客來散步。

這條步道是從台電的施工道演變而來，雖然好走，景色也極棒，但就是少了些歷史意涵，套句古代中國詩人說

平緩好行的白楊步道

的「曾為滄海難為水」，早上已經去過令人極致讚嘆的錐麓古道，我們在白楊步道上就沒有太多的停留。

不過白楊步道後面的白楊瀑布、水濂洞的確非常有看頭，能夠來此一遊還是非常值得。

晚上好友董兄帶我們到花蓮東大門逛

了一圈，由於他在太魯閣經營餐廳，對吃的自然很內行，去張羅了幾家好吃的美食，帶著我們在他一個朋友開的攤位後坐下來開聊。

又在花蓮過了充實又有收穫的一天，明天就要以單車踏上東向西的旅程，加油！

對了，路線和以前一樣是中橫，但這次是以合歡越嶺道為軸線。

## Day 3 發電道路、產金道路

一早，在民宿前整理準備，好友董兄為了每年的環島旅程已經練了一趟車，路過跑來打招呼，另一位在花蓮單車店工作的好友Richard也來敘個舊。

由於今天行程只安排騎到洛韶的慈惠堂，因此沒急著，幾個人聊了一會兒，告別董兄，Richard則騎著機車陪我們開始出發。

由於今日探索的2個重點是一開始的發電道路及後段產金道路，因此出發後就不時留意道路周邊的遺跡，不知不覺很快地來到了溪畔（地名），以前經過這裡，總是只注意到這裡有個攔水壩，但從不知其實這個壩始建於日治時期（後被大水沖毀於民國後再重建），當時為了工程所興建

的道路，即是後來中橫公路由太魯閣口至此的前身。

在溪畔壩旁停下，仔細往對岸望去，果然看到有取水口，有了明確的標的，我轉頭向Toby及Richard提起書上看到的介紹說：

「這取水口取的水，透過旁邊山裡面開鑿的輸水管往下送，經過砂卡噹溪後就會到達昨天看到的發電廠發電，而當時為了建壩所開的道路，就是我們剛剛騎車上來這段。」

溪畔攔水壩旁有取水口，取水後會送往立霧發電廠發電

相信這麼一說，大家對這段路的身世應該會很有概念了。

離開溪畔壩續往天祥方向，邊騎邊向他們解說再來這段就是後來為了採金所開鑿，其實這樣的解說，也是讓我自己更能將自己置入當時的時空，去感受歷史的痕跡。

過了燕子口，開始邊騎邊仰望峽谷石壁，推敲著昨日可能的位置。其實這是種很有趣的角度，因為昨天徒步走的是舊時道路，然後在那邊往下俯瞰；今天單車騎的是近代拓闢的道路，然後往上仰望，在同樣的峽谷交會出不同時空。

騎完精采的太魯閣峽谷，道路離開立霧溪轉往大沙溪，高度驟升，不多久左側

出現一座很獨特的山頭——饅頭山。由於這座山是衍伸自中央山脈的畢祿山尾稜，據說太魯閣戰役時，日軍為了要攻打更深山的太魯閣族聚落，曾由這座山攀登，因此特地停下來觀察饅頭山周邊，看完真的很難想像當時日軍是如何攀越。

> 屬於畢祿山尾稜饅頭山

今天一整天都是陰陰的，過了西寶開始飄起細雨，不過因為是爬升，身體保持溫熱，加上今日行程很短，因此騎起來不覺得累，傍晚抵達預計落腳的洛韶慈惠堂，可能是春節前沒有人來爬山，因此偌大的香客房被我們兩個包場。洗過熱水澡後和慈惠堂師姐一起晚餐，非常親切的她弄了一桌菜，邊聊邊吃中，又度過了愉快的一天。

> 洛韶慈惠堂

而其實最愉快的是搞定明天的住宿，因為原本要住觀雲山莊，但怕訂不到，若沒得住就打算翻過武嶺去住清境農場，不過這樣時間會比較趕。後來嘗試打去朋友推薦的一個大禹嶺供登山客過夜的臨時住宿點，結果可以收留我們，所以住的問題不用擔心了。

這樣明天很單純，就是一路往上，基

本上是最平凡的一段，但對我們是不凡的一段。

# Day 4 喜見雲海、佐久間山

早上天氣仍然陰陰的，但幸好沒有下雨。涼爽的天氣為我們今天鋪陳了最佳開場，告別師姐出發後，我們默默地拉著穩定的迴轉速，享受一長段騎乘樂趣。

就路況及景觀而言，洛韶到大禹嶺大部分是上坡，景觀上可能不及昨日太魯閣峽谷的壯麗，但翻過新白楊之後，卻是近代歷史上影響台灣極重大的太魯閣戰爭（1914年）中，許多日方與太魯閣族人激戰的場域。既然我們這次以合歡越嶺道為主題，這個歷史重要場域自然是重點。

八點出發後，在偶爾飄點雨絲的公路上奮力爬著，大約十點，終於來到新白楊。當初中橫公路因為道路開闢路線選擇因素，在天祥開始與原本的合歡越嶺道分開，形成分別位於畢祿山稜脈兩側的2條路線，但過了新白楊後，公路又會與原本合歡越嶺道再度在山的同一側。雖然新舊道還是有不少距離上的差距，海拔高度亦有差異，但若以溪谷流域來看，已經是在同一個場域，而就歷史場景，更等於是在同一時空了。

抵達新白楊向南邊望去，希望能找到一座名為佐久間山的山頭，不過這方向被一大片的白雲遮住，無法看見山的樣貌，也因此無從辨識佐久間山的正確位置。

不過在休息時，我將相機設定為縮時攝影模式，順便拍下那方向雲的變化，沒想到不多久雲突然散開幾分鐘，佐久間山出現在眼前，我興奮地跟Toby說：

「妳看，那就是佐久間山，當初太魯閣戰役時，佐久間左馬太（日治時期台灣第5任總督，1914年發動太魯閣戰役）在那附近摔落山谷受傷，後來日本人將這座山命名為佐久間山作為紀念喔！」

「我知道啊～」Toby回我。

她接著說：「他後來告老還鄉回日本，有一次搬著台灣人送他泡澡用的木桶到外面時，因為年紀太大了，不小心摔了一跤，就這樣一病不起，後來就過世了。」

她這段話讓我嚇了一跳，趕快問她：

「不會吧，你為什麼知道他是怎麼過世的？說得跟真的一樣。」

「我有看書啊，你不是有買一本楊南郡博士和他太太合寫的書，上面有寫啊！」

原來，為了從不同角度理解合歡越嶺道，曾經入手一本楊南郡博士和他太太徐

如林老師合寫的《合歡越嶺道：太魯閣戰爭與天險之路》，Toby說的這段我沒有特別注意，她看過後卻說得栩栩如生，彷彿在現場看到一般。

討論完書中的情節，今天尋訪歷史場景的目標似乎已經完成大半，這時佐久間山又被白雲遮蔽，我們離開新白楊繼續往上爬升。雖然天空還有不少雲，甚至偶爾還是有些冰冷的雨絲，但隨著高度的上升，我們和雲的距離也更近一些了。

這時候我在心裡默默地想著：

**" 今天的高度是不是有機會越過雲層 ？ "**

過了海拔2150m的碧綠神木，四周已經陷入濃霧，心裡又更期待了，因為離今天終點海拔2565m的大禹嶺尚有不少高度要上升，若能順利穿越雲層，我們就可以看見大禹嶺著名的雲海。在碧綠把我的觀察告知Toby來作為我們對抗肌肉疲勞的藉口，在碧綠休息區吃些東西喝杯咖啡後，繼續在濃霧中奮力前進。

終於，過了海拔2374m的關原，陽光開始由雲後稍露臉，沒幾個彎，低於我們的雲在山谷緩緩湧動，一幅感人的雲海呈現眼前。

在路邊遇到一位由花蓮騎著機車來的外國朋友，會說中文，因為與他都看中一個拍雲海的位置，因此聊了一下，知道他來自中部，太太是彰化人，所以是台灣女婿。聊完後，他騎著機車往大禹嶺方向騎去，我們騎了不久又看見他拿著相機站在路旁，他看到我們急向我們招手，表示他那裡是看雲海的好位置。

雲突然散開，隱約可以看見佐久間山以及立霧主山

大禹嶺雲海

我們把單車騎到對向路邊停好，果然，同為愛好拍照的人推薦果然是好位置，這裡往立霧溪谷看去，細綿綿的白雲緩緩滾動，時而上湧成為遮住視線的

霧氣，時而後退露出深峻的山谷，美麗得
難以形容。

　　夕陽西下時刻，就在這樣的美景中緩
緩騎向今日的過夜點，期待天一早日出時
刻繼續我們未竟的行程。

##  登上合歡山東峰

　　今天計畫登武嶺前要爬一座百岳，在
合歡山主峰與合歡山東峰之間二選一，最
後決定爬東峰。除了因為沒爬過，且天氣
預報會很晴朗下，身為單車愛好者在東峰

往下看武嶺應該會很有感覺。而且也因為底下的陸軍寒訓中心曾是太魯閣戰役時日軍的據點（當時的日本陸軍司令部），所以在那邊往下看也一定會很有歷史感。

為了把握山上光線最佳時刻，我們在路後方（東方）的天空微微發亮時出發，進入台14甲往武嶺前進。

雖然這時的氣溫極低，即便是陡爬升，身體還是非常僵硬，且高海拔呼吸急促下有點力不從心，但想想比起百年前在此為族群存續而戰鬥的太魯閣族人，以及飄洋過海到異鄉流血賣命的軍人而言，這點冷根本微不足道，因為他們看到的，可能是生命中最後一次日出。

幾個陡彎後，太陽即將露臉，我們在路邊停下，看著陽光開始越過山頭漸漸照亮山坡，顏色由橘轉黃漸而轉白，雖然有了陽光但溫度仍低，為了維持身體的熱度，再度跨上單車緩緩往上，邊騎邊欣賞這寧靜的高海拔景色。

當越過海拔3000m指標不多久，越過克難關開始一段下滑，來到松雪樓，將單車用簡易的鎖鎖好，改成以徒步的方式進入合歡山東峰步道。開走後，雖然從松雪樓到三角點長度只有1km，但海拔要爬升300m，陡度很高，加上高海拔空稀薄，因此看到許多遊客喘起大氣。我們可能是騎車到登山口已經算熱過身，因此走了幾百公尺適應爬階梯的節奏後（合歡山東峰步道大部分是維護良好的木質階梯），大約40分鐘，兩個人很順利地登頂了。

第一次爬上合歡山東峰，我們都非常

興奮，尤其看著底下不時有車友抵達武嶺，雖然人太小看不見他們的表情，但同為單車人，相信他們一樣也都是帶著興奮且滿足的表情而來。

目光轉向另一側的陸軍寒訓中心，這些隨著時間的推移而逐漸改變角色的建築，或許也是記錄著台灣近代歷史的見證。

下方是位於濁水溪谷旁的賽德克族部落

完成東峰登頂回到松雪樓，再度跨上單車越過台灣公路最高點——武嶺（3275m），開始往霧社下滑，滑到半途，選擇一個較空曠處停下來，看看底下濁水溪谷旁的賽德克族部落，雖然與太魯閣族屬同源，但因歷史、環境演變，如今分居中央山脈兩側的濁水溪流域與立霧溪流域，成為台灣2個原住民族。我們透過單車一步步多次踩踏，閱讀台灣這塊土地，似乎逐漸看清她美麗的面貌，以及其背後豐富且值得深入探究的風土人情。

下滑到霧社事件發生地的霧社，以合歡越嶺道為主軸的路段算告一個段落，在

霧社稍作休息吃些東西後，繼續沿著台14下滑到埔里，前往市區一家住過幾次的旅館住下來。由於較難的爬坡段已經都完成，因此心情輕鬆地在市區逛了一大圈才回旅館休息。

明天就要騎到台灣海峽側，結束這次東向西的橫貫行程，也是要回老家過除夕夜的日子，很期待。

# Day 5　奔向台灣海峽

由於從高度圖看，埔里到預計結束的彰化大城鄉雖然頗遠，大約一百多公里，但坡度一路下降，因此今天心情輕鬆地出發，在埔里吃了一頓豐盛的早餐後，先沿著131縣道騎到魚池鄉，去拜訪一位經營茶葉的好友，買些可以帶回鄉的伴手禮（當然是茶葉），然後經過明湖、明潭2個日月潭下游的水庫以及車埕來到水里。

今天是除夕，不到十一點的水

明潭水庫

水里市區

里街上可以說是人最多的時候，繞進市場內更是熱鬧滾滾，看到大家都忙著趕辦年貨，我們心理上也開始離開這幾天在山區的寧靜，正式回到即將過年的心情。

離開埔里後順著原先預定要造訪的集集攔河堰、竹山神社遺址，以及林內位於濁水溪左岸的嘉南大圳濁幹線引水道後，悠閒騎在溪岸堤防旁道路往西，也就是往濁水溪出海口方向前進。

集集攔河堰

這時前方似乎開始有些逆風，原本不以為意，但快到老家西螺時，風越來越大，心裡開始有些擔憂等等會不好騎。下午兩點半左右抵達西螺，連續的逆風讓Toby已經顯得有些疲累，突然問我：

「等等到出海口還要多久？距離會很遠嗎？」

我拿出手機以Google Maps拉了一下路徑，回她說：

「只剩25公里，已經快到了，再加油一下就行了！」

「只剩25公里？不對啊，等等去完出海口還要騎回來，那不是等於還要騎50公里？」Toby沒好氣地說。

經她一提醒，發現早上抓里程沒算到這段回程，上半天的時程似乎抓得太鬆，所以如果等等沒加緊速度，去完大城回來

橫跨濁水溪之
西螺大橋

響，站在下海埔旁的濁水溪岸堤防上往南看去，之前探路時在對面的六輕幾乎看不見，但不減我們這時的興奮之情。在風大到無法確定相機是否能將說話的聲音完整錄下的情形下，我們對著相機說出當下的感受，為這次完整騎完一次經典台灣橫貫行程留下一個完美的句點。

西螺恐怕很晚了。這時兩個人短暫想了一下，由此去到出海口沒有得補給，好不容易在鎮上找了一家尚有營業的小吃店（除夕下午店家通常會提早打烊），點了肉圓先填一下肚子（不能吃太多，因為晚上要圍爐），然後趕緊騎上西螺大橋來到彰化這側，繼續沿著濁水溪右岸堤防旁小路往出海口前進。

濁水溪出海口南邊
是因冬季空汙幾乎
看不清楚的六輕

隨著風沙越來越大，吹來的風混著路旁豬舍、雞舍的味道中，我們在除夕下午努力踩著踏板，終於在下午五點左右抵達濁水溪出海口北岸附近的一個村落——下海埔。

錄完影片拍好照片，趕緊掉頭由西部濱海公路的西濱大橋再度來到濁水溪南岸的雲林縣，這時依舊是北風呼響，而且更大了些，但往老家西螺方向散居路旁的民家，隨著夜色降臨，家家戶戶已經在大廳開始圍爐。

由於冬季典型的空汙影

濁水溪出海口北岸
附近的村落「下海
埔」旁的堤防

雖然這時還在路上，但我知道我們即將返鄉。

YouTube
影片紀錄

台灣橫貫，東向西_完整版
https://www.youtube.com/
watch?v=iOWLAunVQFo

# 台灣橫貫，東向西路線建議

台灣單車運動中，有個國際知名度非常高的賽事Taiwan KOM Challenge（King of the Mountains），簡稱KOM，路線是由花蓮七星潭到海拔3275m的武嶺，賽事長度約100km，法國自行車雜誌曾將這個賽事列為世界10條最艱難和最美的50條自行車賽路線之一。

這個官方支持並力推的賽事，其艱難程度自不在話下，且由於途經壯麗的太魯閣峽谷，再加上幾個鐘頭內由熱帶、溫帶到亞寒帶不同的環境變化，作為推廣單車以及台灣風光當然絕對具有代表性，這樣的報導當之無愧。但

或許是著力點不同，也或許賽事吸睛度原本就高，總覺得官方的推廣對於台灣在地文化上連結度還是少了一些。

所以不少人對於這路線的認識，往往就止於壯麗的峽谷，不然就是聚焦於不到3個半小

時就完成挑戰的驚人腳程。

為了藉這個機會對台灣多一點認識，也樂於將見聞分享給更多單車愛好者，我們在2015年騎了與這路線有一半重疊的雙溪雙海大橫貫（台灣橫貫西進）。由於橫貫台灣路線特色是前半段為爬升段，速度慢，有較多的時間做深度探索，因此那次探索重點是濁水溪流域，讓車友了解這路線除了適合挑戰外，更適合探索它在台灣環境、文化、歷史上的點滴。

## 以合歡越嶺道為軸的東進橫貫台灣

而若要換個方向，也就是橫貫台灣東向西，在前半段速度慢的爬升段，最適合花較多時間深探的，莫過於以中橫公路前身的合歡越嶺道為軸線。對照金尚德先生《百年立霧溪：太魯閣橫貫道路開拓史》書中「合歡越」沿途地名，合歡越路線與現今的中橫公路有重疊，且建議可以納入以單車造訪的主要地點如下：

太魯閣峽口，溪畔、塔比多、佐久間崛、合歡山、霧社等。

其中太魯閣峽口為合歡越嶺道入口，溪畔是位於立霧溪下游起造於日治時期發電廠的攔水壩，塔比多就是如今的天祥，而佐久間崛是車友耳熟能詳的台灣公路最高點——武嶺，附近另有合歡山群峰，而霧社則是1930年霧社事件的發生地。

另外，巴達岡、大斷崖、錐麓的位置就在今日的錐麓古道上，而古道僅可以徒步進入且需要申請，因此時程安排上需要多加一日。

最後，加上立霧溪南岸的新城與太魯閣歷史相關景點，結合騎在現今由戰後榮民血汗生命所建構的中橫公路來串連，最後把路線結束於台灣海峽的濁水溪出海口，一條具備跨時空又能呈現台灣橫向地形的路徑就可以完整呈現眼前。

以下是將路線大分為3段詳細說明，讓您能計畫出屬於自己的橫貫路線。

1.新城－太魯閣峽谷－天祥段

2.天祥－武嶺－霧社段

3.武嶺－濁水溪出海口段

# 新城－太魯閣峽谷－天祥段

## ● 路線説明

由台北搭乘火車或客運來到新城，先騎到新城市區造訪新城天主堂、立霧溪出海口等地，建議可以利用小徑避開車多的台9公路，再由富世村接回公路到太魯閣。

此段距離雖不長，但由於太魯閣峽谷內有許多條值得健走的步道，其中錐麓古道是最大的重點，而且這段合歡越嶺道與中橫公路大致重疊，也保留不少遺跡，因此車友可以依照個人腳程，看是花一天的時間以健走的方式慢遊合歡越嶺道所留下最著名的錐麓古道（須申請）；或是以較快腳程加碼其他步道，例如白楊步道、砂卡礑步道、綠水步道（綠水步道亦

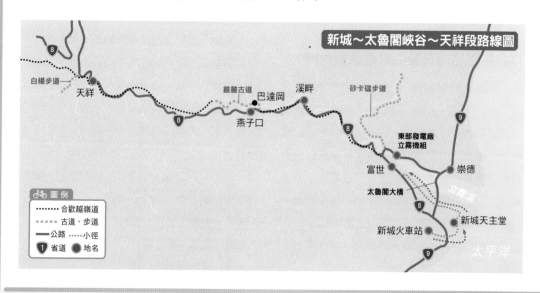

為合歡越嶺道的一部分）等。

以一整日的時間走完想走的步道，隔日再騎單車進入中橫後，經過前一日在斷崖上俯瞰的峽谷時，絕對會感到非常震撼。

前往錐麓古道可搭乘公車前往古道入口，白楊步道則搭乘公車至天祥後再徒步約900m，即可抵達位於明隧道內的步道入口（入口亦為隧道），花蓮、新城往太魯閣、天祥有多種公車，班次亦非常密集。

## ● 賞遊景點推薦

新城天主堂、姬望紀念教會（富世）、太魯閣峽谷沿途（燕子口、長春祠、九曲洞）、天祥等。

### 新城～太魯閣峽谷～天祥段路線圖

白楊步道
天祥
錐麓古道
巴達岡
溪畔
砂卡礑步道
燕子口
東部發電廠
立霧機組
崇德
富世
太魯閣大橋
立霧溪
新城天主堂
新城火車站
太平洋

**圖例**
‧‧‧‧‧ 合歡越嶺道
‧‧‧‧‧ 古道、步道
── 公路　‧‧‧‧ 小徑
**1** 省道　● 地名

● 住宿及補給點
　建議

　　　建議以新城、富世、天祥為主要補給點，住宿則以新城、富世及天祥為最適合。

● 交通建議

　　由台北前來可搭乘火車或走蘇花改的客運（搭乘客運時，單車須收納至攜車袋），但新城站火車班次較少，車友可以依照時間規劃選擇搭乘至花蓮，但距離會較遠。

　　往錐麓古道健走，可以搭乘往天祥、洛韶或梨山班車，在燕子口站下車即可；往白楊步道可搭乘至天祥下車，由公路續往西前走即可抵達步道入口。

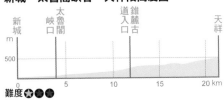

新城～太魯閣峽谷～天祥段高度圖

難度 ★★★

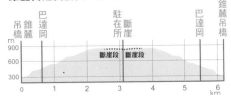

錐麓古道目前開放段高度圖

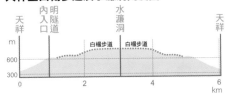

天祥至白楊步道及水濂洞高度圖

連續爬升段
可觀賞不同植物林相

# 天祥－武嶺－霧社段

## ◉ 路線說明

天祥之後道路開始連續爬升，因地質、等高線等多重因素，當初在開闢公路時，天祥以後不再以合歡越嶺道為基礎，而是一直到碧綠之後，才再開始有多處交會或重疊。合歡山之後一直到霧社，則與合歡越嶺道同樣都是沿合歡山陵線走，且幾乎都是重疊，不過重疊或交會處大多已經被開發，不再有古道的遺跡了。

由天祥到最高點武嶺，高度巨幅變化，因為是省道級公路，除了大禹嶺到武嶺段陡度屬於邊升坡之外，其餘是平緩的爬坡路線，因此非常適合以穩定的節奏騎車，在享受騎車樂趣之餘，也可以同時體驗因高度上升而逐漸改變的植物林相。

越過武嶺一直到霧社，由於大多是已開發路段且是下坡，因此建議可以直接下滑，途中再適當休息補給即可。

## ◉ 賞遊景點推薦

碧綠神木、大禹嶺雲海、合歡山東峰（需徒步健走）、武嶺、霧社以及沿途高山景觀。

## ◉ 住宿及補給點建議

天祥之後可以住宿的點少，前段的西寶有民宿、洛韶有慈惠堂的香客樓，到高海拔段則有關原的觀雲山莊（救國團）、松雪樓（林務局），建議天祥到武嶺之間住宿務必預先訂好，以免沒得住而產生不必要的意外。

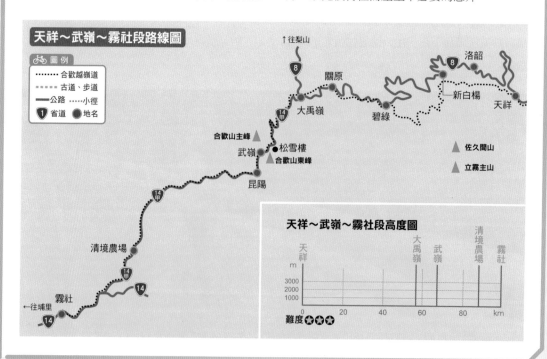

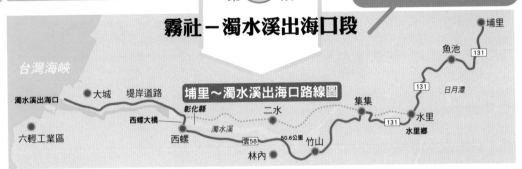

第**3**段

坡度平緩
到出海口須注意返回時間

# 霧社－濁水溪出海口段

**埔里～濁水溪出海口路線圖**

台灣海峽

濁水溪出海口　●大城　堤岸道路

六輕工業區

西螺大橋

彰化縣

西螺　濁水溪　雲58　50.6公里　竹山

林內

二水

集集

131

水里
水里鄉

131

日月潭

魚池

131

埔里

◎ **路線說明**

　　參考下圖，霧社到埔里有A、B這2個路線選擇，由於B路線會經過武界且上上下下，這次的路線主要以東台灣上升段為主，因此建議選A路線下滑到埔里。過埔里之後建議走131縣道經魚池到水里，然後越過濁水溪到左岸，再繞回右岸的集集轉台3丙到竹山。到林內前接到靠濁水溪左岸的堤防邊小路，就可以一直來到西螺。在西螺可以適當續往濁水溪出海口完成全段路程，也可以在西螺結束行程搭上國道客運離開。

**霧社～埔里路線圖**

A

霧社

14

萬大水庫

投83

濁水溪

投83

埔里

14

B

投71

武界　武界水庫

　　提醒要騎到濁水溪出海口的車友，除非有接駁車，不然時程上得加計返回可以搭車的城鎮（例如雲林的西螺）。

◎ **賞遊景點推薦**

　　車埕老街、集集小鎮、集集攔河堰、林圯埔老街（竹山）、林內分水工八卦池、西螺老街、西螺大橋。

◎ **住宿及補給點建議**

　　建議以埔里、西螺為主要住宿選擇城鎮。當然這段沿途有不少可以住宿的地方，可以依照自己的路程安排做更細緻的選擇。

◎ **交通建議**

　　完成行程後的搭車選擇上，若是客運以西螺為最方便；若要搭火車，雲林端為林內站，彰化端為二水站。由於火車站離西海岸相當遠，因此若要搭火車離開，建議不要騎到出海口，以免往返花不少時間。

**霧社～埔里A路線高度圖**

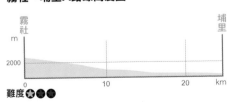

霧社

m

2000

埔里

0　　　　　10　　　　　20　　km

難度 ★●●

**埔里～濁水溪出海口高度圖**

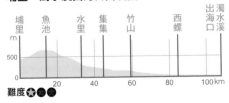

埔里　魚池　水里　集集　竹山　西螺　出海口　濁水溪

m

500

0　　　　20　　　40　　　60　　　80　　　100km

難度 ✦●●

# 北進武嶺
# 南出鵝鑾鼻
# 縱斷台灣五百哩

**為**什麼要走這個路線？

記得2013～2014年，與Toby由北而南（當然也包含東部）分段走完
原鄉部落，驚豔於在原鄉的見聞，特地寫了一本專書《單車·部落·
縱貫線～不是最近，卻是最美的距離：21條路線穿越台灣南北原鄉，深遊190
個部落祕境》，也剪輯出一段個人非常喜歡的影片來分享給車友（YouTube影
片：原鄉·單車縱貫線《台灣·用騎的最美》），希望大家有機會可以多騎往
部落山林，透過一步一腳印，去認識這塊美麗的土地。

## 騎入城鄉、騎訪部落，來看見台灣的深度

由於真的太喜歡往山上跑，因此2018年再度由南向北分段走了一次，除了圖文紀錄，也拍下紀錄影片，而會這樣一而再再而三的造訪原鄉，可以回溯到早年思考台灣單車運動旅遊能走的方向，而訂出的一個架構。

**台灣單車運動旅遊架構**

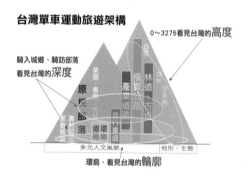

環島，看見台灣的**輪廓**

這個架構，是我們後來作為路線設計的依據，也是與車友溝通的準則，其中，透過「騎入城鄉、騎訪部落，來看見台灣的深度」，這幾年可以說是一直持續不間斷地進行著。

上述的那次南向北行程，就是依照這個架構，希望透過不同方向來更深入造訪不同主題，因此特地去恆春半島造訪與牡丹社事件相關的歷史景點。透過那次造訪（當然還有之前幾次的經驗），後來也寫了一篇文章來探討恆春半島的單車深度遊路線。

● 緣起

時間回到今年5月底，參加了一個大愛電視台的《地球證詞》節目錄影，這個節目的內容是以紀錄片導讀為主，製作單位會選擇各種主題的紀錄片，邀請相關的學者或專家導讀。我參加的那集是導讀日本聽障導演今村彩子以57天、3824km，從沖繩騎到北海道的日本縱斷紀錄片《Star Line》（中文譯為：聽不見的練習曲）。

在錄影前收到製作單位的資料，我開始認真查找彩子所騎過的路線，也就是所謂的「日本縱斷」。查完她走的路線後，心裡有個小小的聲音出來，覺得她的日本縱斷基本上是以直捷為基礎，然後加上串連日本國土南北端為起訖點所形成的路線，其重點放在挑戰與體驗，而日本的風景為輔（也可以說風景不是重點），型態與台灣單車剛入門的朋友對於環島的認知很像。

但彩子的路線還有一個令我注意之處，那就是她的出發點是由沖繩開始。

由於我在原鄉縱貫南向北時，造訪與牡丹社事件相關景點，在事前的準備中，對於八瑤灣事件被出草的宮古島島民所在位置有特別留意（宮古島位於沖繩西南西側），在宮古島左側的與那國嶼是日本國土的最西端，這個島距離台灣不過一百多公里。

由這樣歷史，可以看出日台兩國在這樣的距離下，自古就有不少的關係（早年琉球尚不屬於日本）。

我拿彩子的日本縱斷路線與之前2次所走的「原鄉·單車縱貫線」相較，發現台灣版的縱斷（縱貫），似乎剛好可以展現

台灣的地形特色。

原本對「原鄉‧單車縱貫線」的推廣本來是覺得不會太容易，因為這路線要好玩精采，除了有體力門檻，且事先一定要多做功課，但要深入原鄉，要碰觸有關歷史、族群的議題，坦白說有些難（而且還要有一定的體力），我們也是摸索多年才碰點皮毛，更遑論要推廣，因此只能抱著慢慢來的想法。

不過做了那麼多功課，上完節目後我有個啟發：其實，我們可以將「原鄉‧單車縱貫線」加上台灣的最大特色：地形，這樣就更容易推廣了，未來搞不好可以和日本串連，成為一條「日台單車縱斷」或是「台日單車縱斷」呢！

**高度圖**

富貴角　三峽　留茂安　梨山　松雪樓　埔里　和社　石棹　三地門　鵝鑾鼻

0　100　200　300　400　500　600　700 km

轉換為車友所熟悉的高度圖後，一條可以凸顯台灣地形的單車特色路線已經逐漸成形。

最後，若這條路線的名稱能意含著這麼多年來的想法，是最好不過了，透過實際拉出線段，這路線總長大約800km，這時突然想起一首曾經很喜歡哼唱的老歌《500 Miles》，很快地，這條

> **於是，一條以文化為根、地形為幹、風景為葉的縱斷台灣單車路線，在我心中就此萌芽茁壯。**

我認為可以更凸顯台灣特色的路線名稱已經了然於胸，特地將它命名為「北進武嶺南出鵝鑾鼻，縱斷台灣五百哩」。有了容易記憶且又能凸顯主題的名稱，加上手上有幾年下來累積的影像資料，很快地剪出一段前導影片在社群分享，並在FB發出約騎活動，希望邀請車友一起來造訪這條路線。

經過一段時間積極籌畫，最後我們約定2019年10月20日的日出時刻，在台灣極北富貴角出發！

## 出發前的準備

就如同下方行程表提到，由於要以地

**縱斷台灣五百哩**行程表

----------------------------------------

這次的行程全長約800km（里程為預定距離，出發後有部分路線變更，因此實際距離略有不同），各分段的概要如下：

**Day 1**（2019.10.20）**富貴角** 🚲 **台北三峽**（住附近旅館），84km

**Day 2**（2019.10.21）**台北** 🚲 **北橫太平山森活趣**（留茂安），105km

**Day 3**（2019.10.22）**北橫太平山森活趣** 🚲 **梨山**（住附近民宿），60km

**Day 4**（2019.10.23）**梨山** 🚲 **松雪樓**，37K

**Day 5**（2019.10.24）**松雪樓** 🚲 **武界** 🚲 **埔里**（住旅館），78km

**Day 6**（2019.10.25）**埔里** 🚲 **日月潭** 🚲 **望鄉**（住附近民宿），77km

**Day 7**（2019.10.26）**望鄉** 🚲 **石棹**（住附近民宿），89km

**Day 8**（2019.10.27）**石棹** 🚲 **三地門**（屏山旅社），140km

**Day 9**（2019.10.28）**三地門** 🚲 **鵝鑾鼻**，111km

形為主軸，因此特別找出各段主要最高點作為目標，並安排在Day 4住到松雪樓，打算在Day 5加碼徒步爬上附近的百岳。

● 大屯山系（火山地貌）：**大屯山助航站** 1076m

● 雪山山脈：**明池1150m（雖不是北橫最高點，但具代表性）**

● 中央山脈：**武嶺3275m，加碼合歡山主峰3417m（結果主峰沒上去，而是Day 4走了石門山3237m、與Day 5的合歡山東峰3421m）**

● 玉山山脈：**塔塔加2610m**

● 阿里山山脈：**茶山部落908m（部落非最高點）**

　　預計在完成台灣縱斷全程後，由墾丁或恆春搭客運至左營轉高鐵或台鐵，因此需要攜車袋，所以請家人在我出發幾日後幫忙將攜車袋寄到7-11墾丁的門市（7-11規定貨到後7日內取貨）。

　　這裡額外說一下，如果您也想住到松雪樓，一定要預先訂房，而且預計要入住日期開放訂房時就要去搶訂，否則有時會訂不到房間。我就是在預定入住日期前1個月，早上六點前守在電腦前才在開放的幾分鐘內訂到房。

　　另外，雖然表定10月20日的日出時刻

由富貴角燈塔出發，但由中和到富貴角相當遠，且其他車友也都有同樣的問題，甚至有從台中來的，因此我將前一日（Day 0）設定為移動日，讓大家各自決定要如何前往富貴角，最後和幾位車友決定Day 0先住到離富貴角很近的白沙灣一家民宿，方便隔日出發。

　　路線規劃好，一切準備就緒，再來就是一直利用空閒時間練車。您可能會問，為何這麼慎重？其實理由很簡單，由上述一路看下來，您應該知道這路線我們已經準備多年，也約了車友同行，而且我計畫全程留下影片紀錄，所以怎麼可以不慎重啊？

### Day 0 移動日

　　來到出發前一日，也就是Day 0移動日——實際啟程的第一天。

　　一早，再次檢查所有裝備，包含最重要的攝影器材都無誤後，懷著興奮的心情，出發來到華江橋下與要陪騎的Maiya會合。

　　在這邊遇到一位臉書上的朋友，他聽到我們要走的路線會經過梨山，特地建議可以去找一下梨山郵局，因為那裡有2個

清代的郵筒，值得一看。聽到這個訊息我牢牢記下來，想說怎麼以前經過都沒注意到？經過時一定要好好看一下。

按理說要由中和騎到白沙灣，最直捷的走法應該是走河濱自行車道沿淡水河右岸，經大稻埕、關渡、淡水，再走台2線就可以到達。

但是這路線已經走過多次，而且今天時間充裕，剛好之前和Toby藉五堵舊隧道開放通行之便，騎了一趟基隆河溯源，因此今天刻意繞往新店溪、大漢溪匯流點（匯流點剛好被新北大橋、重翠大橋、中興橋、華江橋所圍繞），再沿淡水河左岸經關渡基隆河匯入處，再到八里渡船頭搭渡輪到淡水往白沙灣，簡單地來一次淡水河流域單車小旅行。

> 新北大橋

出發後幾個人邊騎邊聊，雖然今天陽光有些被遮住，且能見度也不高，但是進淡水河左岸後視野非常開闊，關渡大橋到八里左段又剛好遇到台灣欒樹掛著火紅的蒴果，彷彿正在為我們的壯遊歡呼，感覺真是棒極了！

到了左岸，看看時間還很早，乾脆先坐下來喝咖啡，直到看見好像快下雨了，才趕忙到八里渡船口搭渡輪前往淡水。

到了淡水，雖然下了雨且有些冷，但

其實我很喜歡濕冷的淡水，拍起照很有感，而且遊客也因此少了些。不過雖然說遊客少了些，但看得出還是有不少國外來的遊客，讓原本就有些異國氣氛的淡水小城更別有另一番氣氛。

> 時間還早，來到淡水多走走

> 淡水海關碼頭

順著淡水河畔的自行車道往出海口騎，經過漁人碼頭、淡海新市鎮，這時不只下雨，風勢也轉強，因此我們不再多逗留，繞出來走台2線並在路旁午餐，餐後繼續往白沙灣前進。

到了白沙灣，由於風實在太大，無法按照原定計畫在附近多逛，因此將該錄的橋段完成後（這趟要全程做影像紀錄，因此有規劃腳本，每日會有一定要拍的素

材），就提前入住民宿。

到了傍晚，這次要同行的車友陸續到達民宿，大夥晚上在附近小聚餐後，早早就回到民宿就寢。

今晚要住的民宿

明天就要正式出發了，雖然一定是風雨無阻，但我還是有個小小願望，那就是至少到了日出時、也就是出發時刻陽光能露臉，這樣的出發就100分了！

## Day 1 富貴角－三峽，正式出發

由於今天六點要在台灣極北的富貴角燈塔正式出發，五點半整理好行李，帶著民宿幫我們準備的早餐，開始騎往富貴角與其他今天要來的車友會合。

離開民宿，往黑漆漆的遠方望去，感覺風沒像昨天那麼大，而且不可思議的是天空竟然是藍的（天氣預報降雨機率有40％），看來今天有機會在日出時刻看到陽光，真的太棒啦！

來到富貴角，燈塔還亮著，不多久大家陸續抵達，當陽光從東方海面升起，簡單地向大家說明這次的路線後，開始正式出發。

今天目標要爬上大屯山，加碼段是台北市單車可以到的最高點——大屯山助航站，晚上住宿的地方設定在三峽。設定住在三峽的主要理由，是明天要走北橫全程，若是由台北市出發怕會夜騎，且今天只有爬大屯山，時間算充裕，因此下午多騎一些路拉到三峽最適當。還有一點，三峽住的地方不難找，否則上山後能住的點不好安排。

北15

綠色的三芝櫻花道

第一段路是走北15道路，進到三芝櫻花道後再轉往三板橋接101甲，也就是可以往大屯山二子坪的巴拉卡公路。

大夥在三板橋稍作停留後繼續出發，很快地進到巴拉卡公路。以前走這裡大概就是努力地往上爬，不過這次因為昨天走淡水河流域小旅行，因此在巴拉卡高處看

三板橋，女生到這邊拍個照很讚！以前在這裡參加過樂活自行車協會辦的不落二活動後，有經過都會來逛一下

到昨天走過的淡水一帶，還挺有感覺的。

由於大屯山是火山地形，想起去年到日本青森探查的岩木山，它也是火山，道路類似（岩木山比較陡），景色也都超棒。不同的是大屯山植物林相變化很大，一開始都還是闊葉林，但等等過了二子坪的箭竹林，雖然海拔還沒超過1000m，已經成為類似台灣高海拔的林相了。

來到二子坪服務中心，和Toby緩緩地爬到許久沒來的助航站，終於完

過了二子坪上方出現了箭竹林

成今日目標，在助航站和另一位後來也上來的好友Angel拍些照、影片之後，下滑經小油坑往中湖戰備道，再取道平等里、至善路，進入台北市區。

助航站雖然是第一天的最高點，但因為畢竟這裡是熟悉的台北，而且今天是第一天，體力、資源都是最充裕的時候，所以心裡沒有太大的激情，只求每天都順利平安。

回到市區，來到Angel經營的旅行咖啡館喝下午茶，傍晚陪Toby回家，原本要直

小油坑

中湖
戰備道

往平等里途中的
台電衛星接收站

接騎去三峽，但考慮到後面還那麼多天，乾脆順便把這2天拍的照片、影片先備份到家中的硬碟騰出記憶卡空間。

結果在備份完的時候發現GoPro拍的影片竟然有許多都是霧霧的，令我大吃一驚！原來昨天在淡海新市鎮附近靠海的自行車道，因為大逆風加上海水的霧花，鹽分卡在鏡頭表面所致（GoPro裝在頭盔上，因此是面向迎風面）。幸好有帶另一台運動攝影機，有些素材有多拍，所以影響有限，但也讓我後來每一天出發前，一定先確認每一台相機鏡頭是否乾淨。備份好檔案整理好鏡頭，天黑後趕往三峽與Jet和另一位車友瑞麟會合。

原本預計要住在三峽，沒想到要住的旅館竟然客滿，先過去的Jet最後和瑞麟找到鶯歌的一家青年旅館，我當然也就改為騎到鶯歌落腳。

## Day 2　三峽－留茂安，沿途狀況不斷

順利完成第一天行程，今天要走北橫到宜蘭，而且會有2位新車友加入。出發以及會合的地點設定在三峽清水祖師廟，因此一早就由鶯歌先騎到三峽老街附近再吃早餐，然後與新加入的車友Kelly及小郭會合。

由於路程頗遠，因此很快地就出發了。

雖然這樣的約騎，參與的車友往往

三峽老街

每天都要拍個
開場的影片

是第一次碰面，但當初就設定參加者要有能力自行打理行程，因此碰面後短短的時間大家就進入狀況，愉快地騎在往北橫路上。

北橫是大家都很熟的路線，而且爬升率不高，因此大家邊騎邊聊，有幾位腳程較快的車友則是與我們拉開不短的距離。

悠哉地騎了好久，沒想到途中因為之前有個大坍方在整修，白天會管制，每2個小時才開放通行一小段時間。我們到的時候離開放的十二點還有一個多小時，原本計畫在下巴陵午餐，但等開放後由坍塌處騎到下巴陵，恐怕會到下午一點多，因此提前在管制點前先以自備的乾糧當成午餐，等等到下巴陵就不再休息了。

不過來到下巴陵，大家還是稍停吃點東西，離開下巴陵後，比較晚到也在下巴陵休息的小郭來訊，說他途中發現皮夾失蹤，一直找不到，結果剛剛接到角板山派出所來電，說他的皮夾被人撿到送到派出所，要他回去拿。

原來，早上在角板山路口一家超商休息時，他到附近的加油站找洗手間，可能皮夾不慎掉在那裡。

這時我一則喜一則憂，喜的是替他高興皮夾找到了，憂的是他騎回去拿到皮夾要再追上我們，幾乎是不可能，更擔心當他往回騎若沒趕上交通管制點開放時間，若要再騎完北橫必定要夜騎，因此發訊建議他：

「給你一個建議，今天不要追我們，你到下巴陵過夜，明天再早一點出發。」

後來他拿到皮夾後，警察先生的確不讓他夜騎，所以在角板山附近住了下來，但可能因為如此行程幾乎差了一天，要再趕上我們很難，因此他改變行程不再續走，而是去做了一趟附近的原住民部落之旅。

離開下巴陵開始一大段長爬坡，這時也因為即將越嶺雪山山脈，開始受到東北季風帶來的霧雨所影響，除了下雨，也跟著變冷了。

這時車友Jet發生了一個頗頭痛的狀況……

前輪的鋼絲斷了！

碰到這狀況真的傻眼了，雖然暫時能騎，但眼下沒有人會多帶鋼絲，為避免因張力不均勻會影響其他鋼絲，一定要維修，而要維修只能等越嶺後下滑到宜蘭或羅東市區找車店了，這時恰好Jet與另一位車友Jack的共同朋友——經營單車保姆車的劉鎮宇要來找Jack探班，經過聯繫，他去商借了一個前輪，在明池和我們會合，

除了讓Jet換上，也為我們帶來補給。

騎到明池這邊大家全身濕透又冷，當接到趕來會合的鎮宇兄保姆車上的熱咖啡，實在是感動，太謝謝他了！

由於過了明池不久之後就是下滑，這時雨勢不小又冷，鎮宇兄晚上也要住和我們同樣的民宿，因此幾位車友搭他車避開這段危險的雨中下滑，我則將行李託他載，選擇慢慢地滑下去。

會想繼續騎不是因為上了車就沒有全程騎，大家都是有經驗的車友，不會去想

這種事，而是因為我覺得這段路雨中騎來很有感，只要不要太快，其實蠻有趣的；二則是我在出發前有裝了一個單車發電機，由於它有防水，這時下雨剛好可以測試看看。

就這樣，慢慢滑到台7與台7甲，也就是蘭陽溪畔的路口時，雖然天色快黑，但已經沒有雨了。停在這邊等後面2位車友（瑞麟與Kelly）一會兒時間後，發現這附近有螢火蟲，而且這些螢火蟲是持續發亮而不是閃爍。由於我頭、尾燈是以裝在前輪的發電機供電，等車友一段時間後因為沒有騎乘無法持續發電，電力耗盡後四周完全黑暗，發現旁邊溪谷底下螢火蟲至少有幾十隻，頗為壯觀。

與2位還在下滑的車友以電話確認只是速度比較慢，沒有問題後，放鬆心情在這裡賞螢真是一次難得的經驗。

等瑞麟與Kelly抵達後，進入夜騎蘭陽溪畔的中橫宜蘭支線（台7甲），十幾公里後終於抵達留茂安附近的住宿點——太平山森活趣渡假農場。

到了民宿雖然大家又冷又餓，不過平安順利完成這段屬於距離較長的一天，希望能倒吃甘蔗越來越順。當然，最希望的是明天不要下雨，或是有下的話也別太

大，畢竟到思源埡口之前的這段，秋冬很容易下雨，只要再熬過一天，再來的天氣就會穩定多了。

## Day 3　留茂安－梨山，老天賞臉來個大晴天

完成了越嶺雪山山脈段的北橫（台7），今天99.9％都是台7甲，也就是中橫宜蘭支線，這段路在日治時期為埤亞南越嶺警備道，更早則是泰雅族群重要移動路徑——匹亞南山道，每次來到這邊，都會想起幾年看的一本書《重返舊部落》（啟明·瓦拉著）。

這本書上所說的構造線，是指地質上的匹亞南構造線，而我們今天的路線，基本上就是沿著這構造線往上爬，經過雪山山脈和中央山脈相連處的思源埡口，目標是住到梨山。

不過由於距離、爬升都不少，且原本有車友想繞去環山部落，但路就一條，因此大家約定各自走，只要明天晚上來得及住到有預先訂房的松雪樓即可。

出發前照例先向大家說明路線，今天運氣不錯，沒想到在東北季風季節，宜蘭竟然是大晴天，看來今晚住到梨山沒有太大問題。出發後大夥距離逐漸拉開，我

落在最後，邊騎邊拍享受這段路沿途的菜
園、部落及特色地形地貌景觀。

　　相較於夏天無遮蔭的悶熱，冬天在陽
光下騎這條路真是無上的享受，雖然爬著
長長的緩升坡還是會冒汗，但怡人的溫度
加上新鮮的空氣，騎來就是舒服。

　　隨著高度的爬升，原本遠遠的思源埡
口漸漸接近，爬上南山部落稍微休息吃點
東西後，開始較陡的連續爬升，快到最高
點前回望雪山山脈與中央山脈間的蘭陽
溪，以及所謂匹亞南構造線，其實是非常
有感覺的。

　　越過思源埡口進入大甲溪流域，由於天
氣好，看來大家騎到梨山不成問題，託速度
較快的Jet等等到梨山先去找住宿點，我則
繼續邊騎邊拍照，直到傍晚才到達梨山。

　　到了梨山，想起Day 0（移動日）在新
北華江橋下遇到一位車友，他建議可以到
梨山郵局拍清朝的郵筒。左右望了一下，
看到郵局就在梨山賓館隔壁，很好找。爬
上階梯果然兩側各有一個寫著「大清郵
政」的郵筒，一紅一綠非常醒目，幾個角

好清楚的
雪山

環山部落

有幾個角度可以
回望中央山脈的
南湖大山

度拍好後，順手查了一下這2個郵筒的來歷，想等回去後再和Toby說嘴，但一查才知道這是仿製品……

梨山郵局前的仿大清郵政郵筒

知道是仿製品其實有點傻眼，不過幸好不是專程騎來找，也只能謝謝車友的好意了。

我猜想為何會有這2座仿製的大清郵筒，覺得可能和梨山賓館有關，因為梨山賓館是早年老蔣作為接待外賓的行館之一，旁邊的郵局外型也類似（梨山風景區管理站也是），因此郵筒自然也不例外。當然以上是我自己想的，至於為何如

武陵谷地
（紅色建築是
武陵富野）

傍晚的
梨山賓館

此，郵筒何時設的，我就沒有太多的興趣往下查了。不過對於要找住宿的我們，有關梨山賓館的特色，官網（http://www.lishanguesthouse.com.tw）介紹可以參考一下。

回到現實，Jet他們後來找到一家民宿，位置很不錯，樓下就是7-11，而且房間大窗戶直接可以看到雪山，看來明天清晨可以不用出去吹冷風，就可以來一段日出縮時了，當然，這需要明天也是好天氣來配合。

住的地方搞定，至於住梨山賓館這件事，就等下次了。

### Day 4　梨山－松雪樓，觀雲海爬百岳

昨晚入住的民宿叫「松柏民宿」，老闆提供的房間視野非常棒，然後天氣也相當配合，因此清早順利地拍了些縮時影像。

由於今天路程不遠（但要爬高越過海拔3000m），只要天黑前騎到松雪樓即可，因此出發前先到梨山再拍些照（昨天到的時候已經沒有陽光），然後才開開心心的在藍天白雲下往大禹嶺前進。

梨山到大禹嶺這段路好久沒來，記得之前新聞曾報導這裡有一處大坍方，經過時果然很嚴重，整個路面都下滑，而新的路還在建，臨時道路走起來坑坑跳跳，不過因為天晴沒有下雨，距離也還好，順利通過後很快地就到達合歡山隧道。

梨山海拔1956m，這個意象據說是因為參山風景區，所以有3座山？

漂亮的教會，但被凌亂的電線弄得不知怎麼構圖了

一群志同道合的車友一起騎車，真棒！

過了合歡山隧道就是大禹嶺，速度應該可以再慢一點

紐西蘭來的車友

過了隧道，到達大禹嶺才十二點多（其實前面已經騎很慢了），大家在隧道口和遊客聊了一會兒，才開始繼續往上。雖然大禹嶺往武嶺這段路是大家口中的魔鬼坡，但由於時間充裕又天氣好，因此變成快樂坡，騎來很爽。由於這時立霧溪谷有雲海，邊騎邊回望不舒服，乾脆找個視野好的開闊處停下來拍照。

大禹嶺海拔已經超過2500m

喜歡這個路標，雖然簡單，但在台灣非常具有代表性

拍照時有位從武嶺滑下來的外國車友停到我前面，可能是我的旅行袋和他同品牌（Ortlieb防水馬鞍袋算是全球長程單車旅行者國民品牌），問我們要去哪？也提到他再來要去花蓮，互相鼓勵加油後，他就繼續往花蓮出發。

賞完雲海拍完照，幾位腳程好的車友速度較快先走，我則依照幾個預定地取景點拍照拍影片，順利拍好素材後，看時間很夠，而且體力也OK（今天真的太悠閒了），因此決定多爬一下石門山。

這視角超棒！

石門山雖是百岳之一，但其實很好走，步道入口就在過了克難關下滑沒多久就到了。不過這時風非常大，加上畢竟已經下午快四點，溫度原本就不高，陽光不時被雲遮蔽後又更低，因此將單車停到較隱密處，穿上保暖外套，帶著相機半走半跑趕快往三角點衝。

大約20分鐘，就走到海拔3237m的石

底下是石門山步道入口，就在路旁

石門山，海拔3237m

門山三角點（步道長度只有784m），快速拍完照趕快跑下來，頂著冰冷的風來到松雪樓。進到預定的房間傻眼了，房間大窗戶竟然就對著大禹嶺，讓心中原本明天一早要去合歡東峰看日出的計畫有點動搖，腦海中瞬間自我對話了起來：

「不對不對，刻意住到松雪樓不是來吹暖氣享受，就是要衝一趟東峰才值得吧？！」

為了讓自己更有上山的動力，晚餐詢問幾個車友，有沒有人明天一早願意去東峰看日出，大家大概今天騎得不過癮，紛紛表示要跟，經過短暫討論，因為合歡東峰步道沿途沒有遮蔽，不須日出前就要拚到三角點，因此約好五點半出發，明早就邊爬邊賞日出吧。

> **我在有暖氣的房間喝熱咖啡，就可以很悠閒地賞日出，又何必跟自己過不去，得摸黑去山上吹冰冷風呢？**

明天要看日出了，好期待喔！

## Day 5 松雪樓－埔里，合歡山東峰賞日出

由於住松雪樓晚上不可能出來逛，裡面也沒有其他娛樂設施，因此昨晚早早就寢，凌晨就醒來，走到房間陽台往天空望去，看到滿天的星斗，知道等等賞日出應該會很棒才對。

半夢半醒摸到天將亮，迫不及待地穿上所有保暖衣物，與大夥五點半準時在大廳會合，在微亮的天色下，進入松雪樓後方的合歡山東峰步道。

合歡山東峰步道雖不長（單程約1km），但很陡又是高海拔，若騎車來且直接爬會比較辛苦，不過我們昨天騎的距離短，又已經休息一晚，因此走來較輕鬆，上爬沒多久，太陽就越過屏風山射出美麗的光芒，大家在驚呼中紛紛停下腳步回頭欣賞。

日出後，這時四周因有了陽光的照耀，更顯得動人，眼下的雲也更具層次與立體，只是續走接近三角點時，

太陽出來了！

風開始大了起來，加上一大片雲由西側湧來，因此溫度越來越低。

好不容易爬到三角點，下方的武嶺若隱若現，看到合歡山主峰那側已經陷入雲霧間，原本想趁今天天氣好加上時間充裕，也攻一趟主峰，也就是這趟來順道爬3座百岳（3237m石門山、3421m合歡山東峰、3417m合歡山主峰）的想法打消，反正這路線往後還會來很多次，不急於一時。

看不到終點的合歡山東峰步道，若第一次來走起來會很不踏實

合歡山東峰山嶺

攻完東峰，回到松雪樓整理好行李、單車，出發往武嶺。

雖然武嶺是此行的最高點（單車），也算是北南段的分段點，但由於

武嶺到了，準備進入下半場

武嶺大家都不陌生，甚至Kelly昨天到松雪樓覺得騎不夠，自己已經先騎了一趟，所以在這邊沒有多停留，簡單拍些照並拍好影片，就開始下滑。

很經典的髮夾彎

很長的下滑後，在清境農場與第一天有陪騎的Angel和另一位好友tokai會合後，經霧社取道投83經萬大水庫、曲冰、武界往埔里。

下午的路線雖然都是部落，不過也沒有特別停留，只在武界部落稍停後，繼續越過卓社隧道進到埔里盆地。

雖然今天走的是縱斷台灣中最高的一段，但體力上卻是最輕鬆的一段，也只有這樣的安排，才能有充裕的時間好好的體

萬大水庫

濁水溪

埔里小鎮
民宿

埔里盆地。
因為地形因素，
今天有些空汙，
所以能見度不好

利用7-11店到店服務，把保暖外套、長褲寄回台北，減少些重量，讓再來的路程可以更輕鬆一點。

明天表定是走日月潭、潭南部落、新中橫，明晚要住的地點還在猶豫，不知要不要拉到東埔泡溫泉，還是住到和社（同富）比較方便，或是到望鄉部落體驗一下布農部落風光，等晚上和大家商討一下再決定吧！

驗這段台灣最有特色的高山路線。

來到埔里，由三峽加入的Kelly到這邊結束行程，大家陪她騎到車站將單車打包，互道珍重後，她搭車回台北，我們則住到Angel和tokai前一日就投宿的民宿——埔里小鎮。

腳程很快的Kelly，
準備搭車回台北

這家埔里小鎮民宿早就有耳聞，我們是住小隔間的背包客棧房，雖然不是完整隔間，左、右住客聲響都聽得到，但價位低且保有自己的隱私，加上是在市區，因此感覺很不錯。

由於再來的路程越來越往南，只有塔塔加會比較冷，但塔塔加只有路過不停留，已經沒有特別的保暖需求，因此晚上

## Day 6 埔里－和社，改走投59 探訪原鄉部落

昨晚經過討論，因再來最高一段新中橫塔塔加今天不可能越得過，在和社（同富）附近一定要住下來，所以路程只有七十幾公里，以原定信義到和社之間要騎新中橫來看，坡度也相對較緩，我建議改走個人很喜歡的一段，就是在信義右轉投59，爬一段坡經風櫃斗，可以多探幾個原住民部落：新鄉、羅娜、久美、望鄉等。

決定走法後大家陸續出發，由於沒有同時出發，因此埔里到日月潭段只有tokai與我同行。我們由131縣道轉投69，邊騎邊往左右看，看到有趣的事物就繞過去瞧瞧，到了日月潭等全部的車友到齊，才一起轉投63經潭南部落到台16，再接上台

好久沒來
的日月潭

潭南教會
傳出天籟，原來是
小朋友在練唱

21新中橫。

離開潭南部落途中，今天剛加入的Hilo很不巧車子有異常（斷鍊），由於會影響再來的路程，只能在台16轉台21時先前往水里處理，後來因前變（變速器）也卡彎了，只能取消後續行程。

我們轉入新中橫，在信義的7-11休息午餐後準備轉投59，好友Jack和Angel因為都騎過，所以決定走新中橫去和社，等找好住宿點後，再反向騎到久美部落附近的千歲吊橋等我們。

投59雖然很陡，但由於不像新中橫車多，因此幾個人緩慢中邊聊邊爬，終於來到我心目中最佳的觀景位置，這裡大約在風櫃斗與新鄉部落之間，是一處經道路重建後的大崩塌地，因為旁邊是很大的崩壁所以沒有遮蔽。不過很可惜今天這裡能見度不佳，所以視距有限，個人覺很像是因為空汙的關係（因為大口呼吸時空氣會有點刺鼻）。

其實這現象昨天出卓社隧道時，看到埔里盆地就很明顯了，猜測是因為秋冬後的東北季風被山脈擋住，西部、西南部氣流無法擴散，不然能見度好的時候，由這裡俯瞰新中橫、十八重溪和陳有蘭溪匯流，甚至可以很清楚地看到挺拔的玉山。

但話說回來，願意踩著踏板出來騎車，就是想看到台灣最真實的一

新鄉部落

這能見度也
太差了啊～

羅娜部落入口前的
勇士雕像

千歲吊橋

以前都沒注意到這裡可以住宿。
台灣大學實驗林和社森林教育中心

面，因此還是向一起上來的車友描述一下以前來看到的樣貌，讓大家心裡有個底。

離開這個觀景點，陸續經過新鄉、羅娜、久美後，Jack和Angel已經在千歲吊橋等我們，從事單車專業領騎的Jack，已經幫大家在和社訂好台灣大學實驗林和社森林教育中心的住宿。住宿已經搞定，因此無須再為住宿點傷腦筋，明天往塔塔加得一路不斷爬升，晚上好好的休息一下才是。加油了！

### Day 7 和社－石棹，越過塔塔加沿途玉山相伴

雖然今天要越過海拔2600m的塔塔加，騎起來不會太輕鬆，但我比較心煩晚上住的地方，因為今天是週六（10月26日），而且我們有個6個人（5男1女），不像平常我和Toby出門住宿點很容易安排，所以住宿點先預定在民宿相對較多的石棹，等去到現場再找。

不過，出發不久後我已經落到最後一位，既然已經約好下午在石棹會合了，那就讓先到的車友去張羅住的地方，畢竟他們也都是很有經驗的騎友。坦白說，好像也輪不到我心煩，所以反而可以好好享受這段新中橫之旅。

由於今天的路線非常單純，也騎過好幾次，基本上就是走台21線爬到塔塔加然後開始下滑，開始下滑後，公路指標會變成為台18，但其實路還是同一條，一直滑下去會經過阿里山，最後在石棹停下來。

雖然騎過多次，但由於2009年八八風災之後幾個月，我曾經騎過新中橫（反向），那次是有記憶以來，除了921大地震外另一個台灣重大天災。我在災後第一次深入災區，親到現場看到大自然驚人的威力，這是在媒體上所見完全無法比擬，也從那時候開始，讓我立下志願要透過推動單車運動旅遊，邀請更多人去實際見證大自然，繼而尊敬大自然。

清晨六點多，出發後路上車流不多，大多是要上山工作的人在道路快解除管制時才到，反正早來了也上不去。車流不多，路就好騎，雖然大家各自出發，但途中有時也會同騎一段，然後再以自己的節奏努力向上騎行。

今天路線的重點，除了要越過塔塔加，也是騎在賞玉山的絕佳角度，就如新中橫公路另一個名稱「玉山景觀公路」所示，只要天氣晴朗，沿途玉山一直都伴隨在左側，要不注意都很難。

連續上爬中，不知不覺來到塔塔加，意味著已經搞定台21，接下來是台18。

塔塔加到阿里山這段的路基以前是森鐵，因此是緩下坡，除了非常好騎外，也是賞景的好路段，由於已經換到山脈的另一側，因此這裡往右手側望去，看到的是地質特殊的阿里山山脈，只可惜這時因雲霧阻擋，無法看得很清楚。

不過下滑不久後，開始進

海拔高一些後，玉山終於看得比較清楚一些

栓兒明隧道

新中橫沿途最多的水果大概就是葡萄

被土石掩埋的明隧道

愛玉橋，底下是和社溪，八八風災時土石流非常可怕，不過現在是取景的好角度

入雲內，繼而是大霧、然後下起了不小的雨。下坡中除了小心翼翼地騎著，也拜託快讓我脫離雨區，因為已經冷到有點發抖（開始後悔保暖衣物太早在埔里寄回家了），好不容易撐過十字路（地名）雨才停，不過由於一直都是下坡，因此來到今日的終點石棹，已經冷到快虛脫，幸好途中車友來訊，已經順利找到民宿，而且離

石棹市區沒有太遠。

按著地址找到大夥已經入住的民宿，換下身上又髒又濕的衣物，並且好好沖個熱水澡後，感覺體溫才漸漸地恢復到正常狀態。

完成塔塔加這段，較難的路段大致都已經騎完，再2日就可以完成縱斷，晚上大夥在石棹找了一家餐廳飽餐一頓，已經有提前慶祝的味道了！

石棹夜色

### Day 8　石棹－三地門／內埔，越過阿里山前往那瑪夏

雖只剩2天就可以完成縱斷的挑戰，但今天的路程會超過150km比較遠，由於這次挑戰主題是地形（當然還有原鄉），因此原規劃是要越過阿里山山脈到那瑪夏後，由甲仙向西走南橫越嶺玉山山脈，再由六龜的台27往南到屏東中央山脈側的185沿山公路，不過因為下面2個因素，讓我決定建議大家在甲仙不轉入南橫，而是直走台29至轉181，由玉山山脈尾部的月光山隧道穿越。

**天氣**：今天下午山區有很高的降雨機率，且西南台灣空汙不低（尤其低海拔），會影響賞景品質。

**海拔、距離**：雖然南橫越嶺玉山山脈段海拔

不高，但因為今日距離長，原本就有可能夜騎，走這邊夜騎距離太長不是好選擇。

會夜騎又遇空氣品質不佳，調整路線似乎是比較適合的選擇，因此一早和大家取得共識決定調整，在石棹吃完早餐立即啟程。

清晨的石棹

出發囉！

出發後不久是連續下滑，我後剎車似乎有點拉不太住，調整剎車行程旋鈕也無法改善，只好停下來拆輪子檢查卡鉗。雖然為了此行，在台北出發前已經將剎車片換新，但拆下後輪一看，剎車片的確快磨光了。幸好之前因這個剎車卡鉗剎車油不足，我有重灌過，出發前怕之前的剎車油不足是因為有輕微洩漏，因此有多帶一組的剎車片備用（不然有誰沒事會多帶剎車片啊），所以花了一點時間直接換新來令片，排除這個問題，也剛好可以應付今日許多的陡下坡。

後來檢討剎車片會磨這麼快，可能有2個原因，一是我裝的來令片是網拍買的，

耐磨性可能比較差（但碟盤或許磨耗會比較慢）；二是我的行李比較重，有攝影器材，本來磨耗就會快，再加上常因一些鏡頭需要減速，更加速來令片的磨耗。

由龍美離開阿里山公路轉入嘉129，經山美、達娜伊谷、新美等，一直到茶山所經都是鄒族聚落，在茶山部落停下來喝杯咖啡稍微休息後，轉入嘉129-1，準備越嶺阿里山山脈前往那瑪夏。

記得在2018年進行原鄉縱貫線南向北的行程時，由甲仙來到那瑪夏，在瑪雅休息一會兒出發後，半途在FB發了張照片，當地卡那卡那富族的臉友Mima以為我還在瑪雅，留言問我要不要去她那邊喝咖啡（她們在當地種咖啡，也有咖啡館）。

那次因為已經在半途所以沒過去，因此這次原本計畫進那瑪夏後要繞去，但規劃路線時，發現她所在的位置不只不是在

山美大橋，底下是曾文溪

這條嘉129-1就是可以銜接茶山與那瑪夏的通道

主線旁，而且是在一個落差極大的平台上方，考慮到今天路程已經太遠且還要爬升，所以途中發訊問她，有沒有可能準備外帶杯讓我們到瑪雅時有咖啡可以補充？

由於今天是週日，不太有把握她可以過來，不過她還是承諾會下來，並交待快

下方就是那瑪夏

到的時候通知她一聲。

　　離開茶山部落經過上上下下的產業道路，最後在連續下滑中抵達瑪雅，她果然帶著自種自烘焙的咖啡由山上下來，大夥與她及她弟弟在瑪雅路旁坐下來閒聊。經過她的解說，我才知道原來上面是舊部落所在的「兩權平台」，而且上面是風景區，有露營區、民宿等，也有小路可以通往民生一村。

　　看來下回再走這路線，我已經知道該怎麼調整路線，才能更深入探索那瑪夏了。

　　離開瑪雅再來就2個重點：一是趁下雨前離開山區，二是盡可能不要夜騎，所以結論就是開始趕路！

　　途中除了在甲仙因有另一位車友要來陪騎一段（也是幫我們帶路）而停留比較久之外，大家就是盡所能地衝，結果我又落到最後一位，一直到夜幕低垂才抵達今日預計的住宿點——三地門旁的內埔水門。

　　明天是最後一天，晚上與tokai住同一個房間，由於他明晚不打算直接趕回台北，而是要留在恆春多住一晚，建議我們明天經過恆春時，可以將行李先寄放他要住的民宿，這樣前往台灣極南可以比較輕鬆。

Mima她們自種自烘的咖啡，多了的是在地的味道

世紀大峽谷（下方是楠梓仙溪）

錫安山
入口

與車友葉兄在甲仙
會合時,先來杯
冰涼的芋圓

月光山隧道,過去
就是高雄美濃了

由於他要住的民宿老闆是他舊識,且這民宿非常有特色,想想的確可以不用那麼趕(其實原本就有多保留一天的彈性),因此也打算一起留在恆春多住一晚,結果,瑞麟、Jet、Jack也決定一起住下來,哈!看來大家有志一同,在時間上都有保留彈性耶。

### Day 9 內埔－台灣極南,收納特殊海岸景觀

最後一天了,今天可以說是輕鬆騎,因為距離只有120km,而且等等離開沿山公路後會沿著海岸線,順利的話會有北風相助,所以若拚一點,搞不好半天就能騎到鵝鑾鼻。不過這趟來不是在拚速度,因此打算出發後,繞一下距離沿山公路很近的吾拉魯滋部落、萬金聖母聖殿等景點,只要下午大家約好在台灣極南地碑會合,做個最後的Ending,就可以讓這趟的台灣縱斷大功告成。

早上敲好行程概要,一夥人開開心心順著綠意盎然的沿山公路往目的地前進。

內埔
水門村

沿山公路

水門村的位置在三地門、瑪家、內門3個鄉交會處,幾年前曾經由這邊當作出發點,連續造訪過霧台、神山、阿禮、德文、大社、舊筏灣、舊達來等魯凱、排灣部落,因此對我而言算是舊地重遊,自然想帶大家多熟悉這裡,只不過一如意料之中,出發不久過了萬金聖母聖殿後,已經看不到腳程快的車友尾燈了。

一直快到車城,才與在超商前休息的車友會合,一夥人陸續抵達tokai朋友開在恆春市區的民宿,將行李留下後,一起往最後的目標前進。

最後一天的路線，特地安排不由恆春直接走台26經墾丁到台灣極南，而是先轉200縣道往西越過中央山脈最尾稜，再經太平洋側的風吹沙、龍磐公園到最終目標。這樣走的好處，是太平洋側風景好，且既然此行以地形為主題，小小越嶺中央山脈加上風吹沙、龍磐公園一帶特殊海岸景觀，當然要順道收納。

就這樣，大家在冬日和煦的陽光中，順著暖暖的北風推送下，順利抵達台灣極南。

在這邊大夥配合我錄下最終的歡呼影像，我們終於完成9日的

台灣極南

隔天，原本大家要到恆春車站搭客運到左營轉車，Jack提議找一台接駁車大家分攤車資，不僅沒多少錢，速度也比較快，更不用打包單車（到左營搭車北上還是要打包），這是一個好提議，而且經由他的聯絡也找到可以來接駁的司機大哥，一夥人順利抵達左營各自搭車北返。

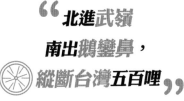

"北進武嶺南出鵝鑾鼻，縱斷台灣五百哩"

YouTube
影片紀錄

完成這個夢想多年的企劃，回到台北經過幾個月的整理剪輯，終於把這次縱斷台灣的影片紀錄剪輯完成，在Angel任職的旅行咖啡館辦了一場首映，也上傳YouTube分享給更多人，以下QR Code就是這支1.5小時的影片連結。

北進武嶺南出鵝鑾鼻，縱斷台灣五百哩_完整版
https://www.youtube.com/watch?v=gzhbW0zDe-g

# 北進武嶺南出鵝鑾鼻，縱斷台灣五百哩路線建議

台灣2/3以上是山地，小小島嶼上海拔3000m以上高山就有268座，山原本就是台灣的一大特色，又因位於北回歸線上，加上海拔巨大落差及受到季風影響，森林生態是北半球縮影，山景優異且生態豐富，再加上多元的人文風貌，道路系統發達，是絕佳的單車島。

台灣的車友入門後若有持續騎車，都會試著練習爬坡，等具備騎上山的能力及技巧後，就會開始往山裡面跑，而且從此會持續不斷探索這個美麗的島嶼。

而若要以單車由北而南的串連，且路線可以將台灣最大特色的「山」在路線中呈現，由

**只要能夠騎上山，就可以玩遍全台灣。**

台灣五大山脈
大屯山示意圖
富貴角
大屯火山群
雪山山脈
阿里山山脈
中央山脈
海岸山脈
玉山山脈
鵝鑾鼻

極北富貴角開始的這條「北進武嶺南出鵝鑾鼻，縱斷台灣五百哩」的路線，應該是最能夠將台灣的山一次性的完整串連。

如果您閱讀了「北進武嶺南出鵝鑾鼻，縱斷台灣五百哩」遊記或觀看我們的紀錄影片後，也想一探這條經典路線，請容我分為以下6段詳細介紹這條全長約800km（500哩）的路徑，讓您可以在規劃上參酌，找出最適合自己或團隊的路線企劃。

1. 大屯火山群段（富貴角－三峽）
2. 雪山山脈段（三峽－留茂安）
3. 中央山脈段（留茂安－埔里）
4. 玉山山脈／阿里山山脈段（埔里－石棹）
5. 阿里山山脈／那瑪夏段（石棹－三地門、內埔）
6. 沿山公路／恆春半島段（三地門、內埔－鵝鑾鼻）

長距離爬升
此段為熱身段

# 大屯火山群段（富貴角－三峽）

## ◉ 路線説明

由於這條路線出發點設定在富貴角燈塔，車友可以選擇台北、淡水或是由基隆、金山走台2線來到富貴角，如果時程想安排得寬鬆一點，富貴角附近有民宿，可以先在這裡住一晚，隔天日出時出發。

前往富貴角燈塔兩側都有步道，由富基漁港這邊進入，有一段是階梯得推車，由老梅這方向則大多可騎，出發後進入北15，以前方的山為標的，即可以騎往大屯山。

道路編號：
北15、北市及新北
往三峽市區道路

第一天路線以越過大屯七星山系為主，建議車友把這段當成是連續多天行程的熱身段，除了讓自己適應攜帶比較多裝備後，因重量改變且又長距離爬升所帶來的負荷外，車輛若有狀況，可以在台北市或新北市進行補強。

## ◉ 賞遊景點推薦

富貴角燈塔、極北海岸風光、三芝櫻花道，以及陽明山國家公園火山／地質／植物景觀，例如往大屯山助航站的大屯山車道的箭竹林、小油坑、冷水坑等。

## ◉ 本段制高點

本段最高點設定在大屯山助航站（附近的大屯主峰海拔1092m），但須注意因季節活動，例如蝴蝶季時國家公園會暫時禁止單車進入。

## ◉ 補給點建議

石門、冷水坑遊客中心、台北市區、新北市區。

## ◉ 住宿建議

台北市、新北市區。

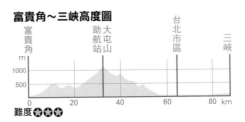

# 雪山山脈段（三峽－留茂安）

### ◎ 路線說明

　　離開三峽後不久就會再度進入山區，這段路以穿越雪山山脈為主，而主要道路即是北橫公路。北橫公路沿途路況都不錯，但須注意有時會因維修而管制（管制期間仍會定時開放）。

道路編號：
台3、台7乙、台7、台7甲

### ◎ 賞遊景點推薦

　　羅浮橋、復興橋、巴陵橋、明池。

### ◎ 本段制高點

　　建議本段設定在明池，明池海拔約1150m，雖不是此段路線最高處，但距離最高點不遠，由於明池可以休息或簡易補給，因此建議將制高點設定在此。

### ◎ 補給點建議

　　三民、往角板山岔路口超商、羅浮、巴陵。

### ◎ 住宿建議

　　角板山、巴陵、明池山莊、棲蘭山莊、留茂安。

三峽～留茂安
路線圖

三峽
明池
巴陵
棲蘭
留茂安
雪山山脈

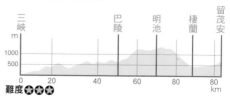

三峽～留茂安高度圖

難度 ★★★

# 中央山脈段（留茂安－埔里）

### ◉ 路線説明

　　這段是全程海拔落差最大的一段，前100km除了少數幾段短下坡外，幾乎都在爬坡，會經過海拔最高武嶺（3275m），以中橫宜蘭支線、中橫公路、中橫霧社支線來銜接。

　　建議這段可以2、3天來規劃，如果時間充裕，可以順登武嶺附近的幾個百岳三角點，例如合歡山主峰（3417m）、石門山（3237m）及合歡山東峰（3421m）。

### ◉ 賞遊景點推薦

　　沿途高山景觀、思源埡口、武陵農場（須轉入支線）、梨山賓館、武嶺、清境農場、霧社事件紀念公園、萬大水庫、武界壩。

道路編號：
台7甲、台8、台14
甲、投83、投71

### ◉ 本段制高點

　　海拔3275m的武嶺為此段最高點，也是台灣公路最高點。

### ◉ 補給點建議

　　南山部落、環山部落、梨山、大禹嶺、合歡山管理站、清境農場、霧社。

### ◉ 住宿建議

　　南山部落、環山部落、梨山、松雪樓、清境農場、霧社、武界、埔里。

### ◉ 注意事項

　　由霧社繞往武界距離較遠且上上下下，若時間不允許，可以在霧社直走台14到埔里，加上前段適當精簡景點停留時間，一般可以節省一天的時間。

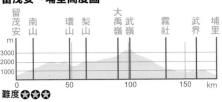

**留茂安～埔里路線圖**

留茂安
南山
環山
梨山
大禹嶺
武嶺
霧社
埔里
武界

**留茂安～埔里高度圖**

留茂安　南山　環山　梨山　大禹嶺　武嶺　霧社　武界　埔里

難度★★★

# 玉山山脈／阿里山山脈段（埔里－石棹）

### ◉ 路線說明

　　由埔里出發往新中橫的和社，可以直走台21線，若時間夠，想多深入騎遊埔里、和社之間，建議走131縣道、投69到日月潭，然後經潭南部落到台16才轉到台21；到信義後再經風櫃斗到那羅部落，最後由望鄉部落附近接回和社。

　　會建議這樣走，除了可以深入騎遊此段，也是因和社往塔塔加台21線沿途常有崩塌阻斷，110K（草頭坪）至144K（塔塔加）路段，公路總局已經實施夜間封閉很長一段期間，封閉時間為每日下午五點三十分至隔日上午七點。由和社之後是長距離爬坡，中間無適當住宿點，因此一般會在這邊住下來，等隔日道路開放後直上塔塔加。

　　過了塔塔加後就幾乎都是下坡，再依照時間及賞景規劃選擇住宿地停留點即可。

**道路編號：**
131線道、投69、台21甲、投63、台16、台21、投59、信和產業道路、台21、台18

### ◉ 賞遊景點推薦

　　日月潭、潭南天主堂、風櫃斗（花季賞梅）、千歲吊橋、望鄉部落、台21沿途賞玉山、夫妻樹、塔塔加、阿里山。

### ◉ 本段制高點

　　塔塔加海拔2610m，為登山者前往玉山主峰必經道路。

### ◉ 補給點建議

　　日月潭、信義、和社、塔塔加遊客中心、阿里山。

### ◉ 住宿建議

　　日月潭、望鄉、和社、阿里山、石棹。

**埔里～石棹路線圖**

埔里　和社　阿里山　塔塔加　石棹　中央山脈

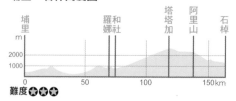

**埔里～石棹高度圖**

埔里　羅娜／和社　塔塔加　阿里山　石棹

難度 ★★★

第**5**段

# 阿里山山脈／那瑪夏段（石棹－三地門、內埔）

◉ 路線說明

　　由石棹經茶山往那瑪夏，除茶山之後有段較高的爬升外，到了那瑪夏之後大多是下坡，又因這段能住宿的點不多，一般會以較快的速度通過。但若時間充裕，可以再安排一天，於達娜伊谷與那瑪夏之間以較緩慢的速度停留造訪。

◉ 賞遊景點推薦

　　達娜伊谷、茶山部落、兩權平台、世紀大峽谷。

◉ 本段制高點

　　石棹即是本段最高點，之後高度漸降，但茶山之後有段越嶺阿里山山脈的青山產業道路，由於越嶺往那瑪夏之間無明顯景點，因此建議此段以茶山部落為主要停留補給點。

◉ 補給點建議

　　茶山、瑪雅、南沙魯、甲仙、美濃、高樹。

◉ 住宿建議

　　甲仙、美濃、三地門、內埔水門。

道路編號：
台18、嘉129、嘉129-1、台29、181縣道、台27、185縣道

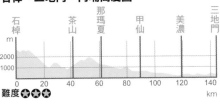

石棹～三地門、內埔
路線圖

**石棹～三地門、內埔高度圖**

難度 ★★☆

# 沿山公路／恆春半島段（三地門、內埔－鵝鑾鼻）

## ◉ 路線說明

由三地門／內埔水門到恆春半島皆為平緩的公路，若速度快，大約中午之後即可騎完，因此若時間充裕，沒有計畫要當日就趕往高雄搭車，建議到恆春之後可以繞經200縣道、200甲縣道越過中央山脈尾稜到達東海岸，再由台26騎往台灣最南

道路編號：
185縣道、台1、台26、
200縣道、200甲縣道、
台26

端，完成縱斷台灣的旅程。

## ◉ 賞遊景點推薦

吾拉魯滋部落、萬金聖母聖殿、車城福安宮、恆春老街、古城、風吹砂、龍磐公園、台灣極南碑、鵝鑾鼻燈塔。

## ◉ 住宿建議

墾丁、恆春。

三地門、內埔～
鵝鑾鼻路線圖

**三地門、內埔～鵝鑾鼻高度圖**

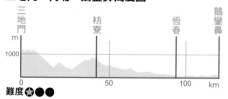

難度 ★●●

---

# 離開台灣極南的交通建議

### 1.完成挑戰後直接北返

至墾丁搭乘墾丁快線到高雄左營轉車。

### 2.隔日北返

先騎往恆春市區留宿，隔日在恆春轉運站搭乘往高雄左營的客運；由於與台灣極南的火車站距離遠，若要直接搭兩鐵火車，可以騎至班次較多的屏東潮州站搭乘（恆春至潮州約70km）。

### 注意事項

除非騎到潮州搭兩鐵火車，否則在墾丁或恆春搭客運以及在新左營搭高鐵，都需要將單車收納至攜車袋，若不想攜車袋全程帶在身上增加重量，可以事先將攜車袋寄至墾丁或恆春的超商（要留意超商最晚取貨期限）。

Attention !

# 每日里程以及住宿點資料參考

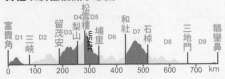

**日程以及住宿點示意圖**

**Day 0** ◎移動日
白沙灣sun family民宿
**add** 新北市石門區八甲路3號
**phone** (02)2638-3225

**Day 1** ◎里程：84K
◎路線：富貴角－台北三峽
Fish hostel鶯歌魚旅民宿背包客棧
**add** 新北市鶯歌區文化路171號
**phone** 0910-071-926
熊趣飯店 Bear Hotel
**add** 新北市三峽區大德路213號
**phone** (02)2673-9456

**Day 2** ◎里程：105K
◎路線：台北－留茂安
太平山森活趣渡假農場
**add** 宜蘭縣大同鄉泰雅路六段2巷6-3號（台7甲線13.7km處）
**phone** 0922-497-473

**Day 3** ◎里程：60K
◎路線：留茂安－梨山
飛燕城堡度假飯店
**add** 台中市和平區民族街46號
**phone** (04)2522-7186
松柏民宿
**add** 台中市和平區中正路6號
**phone** (04)2598-1448

**Day 4** ◎里程：37K
◎路線：梨山－松雪樓
松雪樓
**add** 花蓮縣秀林鄉33號
**phone** (04)9280-2980

**Day 5** ◎里程：78K
◎路線：松雪樓－武界－埔里
埔里小鎮
**add** 南投縣埔里鎮北平街209號
**phone** 0910-848-372

**Day 6** ◎里程：77K
◎路線：埔里－日月潭－和社
和社教育中心
**add** 南投縣信義鄉同富村同和巷47之1號
**phone** (04)9270-2740

**Day 7** ◎里程：89K
◎路線：望鄉－石棹
石棹竹崎農會民宿
（原定住宿點，後因客滿臨時改住附近一家茶莊，因非公開營業場所，因此仍提供竹崎農會資訊）
**add** 嘉義縣竹崎鄉嘉義縣竹崎鄉中和村石棹21-2號
**phone** (05)256-2799

**Day 8** ◎里程：140K
◎路線：石棹－三地門／內埔水門
屏山旅社
**add** 屏東縣內埔鄉中山路339號
**phone** (08)799-1803

**Day 9** ◎里程：111K
◎路線：三地門／內埔水門－鵝鑾鼻
恆春信用組合
**add** 屏東縣恆春鎮文化路155號
**phone** (08)888-3700

# 武嶺周邊適合單車健走的 3條登山路徑

於上述的路線建議中，「雙溪雙海大橫貫」、「台灣橫貫東向西」、「台灣縱斷」這3條經典路線都會經過台灣公路最高點——武嶺（3275m），而武嶺周邊有3座百岳，分別是合歡山主峰（3417m）、合歡山東峰（3421m）、石門山（3237m），這3座山的三角點因離公路不遠，若能在出發前適當預留時間與準備（例如帶個簡易鎖將單車鎖在登山口），再依照當時的天候、氣溫條件稍作準備，就非常適合加碼徒步完成百岳登頂。

這是有別於大部分登百岳得搭車或開車到登山口開始爬起，純以自己的體力結合機械工藝效能，由海平面來到登山口，再改以徒步方式完成登頂，因此會很有不一樣的成就感。

當然，這樣不表示開車、搭車由登山口起登就很遜，而是因為這3座百岳除了離公路不遠，難度又低，不需要過夜或另揹裝備，很適合以騎車加健走來完成，因此才特別推薦可以納入行程安排之中。實際上合歡群峰的北峰與西峰景致有其特色，但難度與路程就比較不適合騎單車來加碼，因此就不在此推薦。

基於會重複經過，且這樣的加碼恰能將

**武嶺周邊適合單車健走的登山路徑**

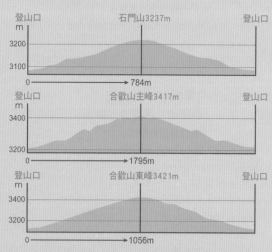

台灣高山特色呈現，因此將這3座百岳做些簡介，作為讀者規劃雙溪雙海大橫貫、台灣橫貫東向西、台灣縱斷時參考。

合歡山東峰，
海拔3421m

### 路徑 1　合歡山主峰

海拔3417m，步道長1795m，陡度不高，為汽車可行走的水泥路面（但僅公務車可以進入）。登山口在武嶺往清境農場方向約800m處，若是由清境農場往武嶺方向，由於登山口比武嶺海拔低，因此很適合雙溪雙海大橫貫（西進武嶺）時排入行程，可以先登頂後才越過武嶺下滑往花蓮。

### 路徑 2　合歡山東峰

海拔3421m，步道長1056m，大部分為階梯，陡度大，為武嶺周邊推薦3個山頭最高的一座。由於登山口在松雪樓旁（由克難關往武嶺方向下滑到要再度開始上爬時旁邊即是松雪樓），因此適合台灣橫貫東向西（東進武嶺）時排入行程，這樣就可以登頂後再越過武嶺下滑往清境農場。

### 路徑 3　石門山

海拔3237m，3個山頭最低的一座，也是路程最短及難度最低的百岳，為土石及階梯混合的步道，適合台灣縱斷時（台灣縱斷亦為東進武嶺）時排入行程，登頂後可依照時程及體力加碼合歡山東峰，然後再越過武嶺下滑往清境農場，或入住松雪樓。

## 特別提醒

● 保暖與防潮

由於高山天氣變化極快，而騎車所穿戴服裝大多輕量且排汗，因此若要加碼爬山，保暖及防潮務必妥為規劃與準備，以免發生憾事。

● 安排上午完成登頂

行程有計畫加碼攀登這3座百岳且當日就要下滑到平地，盡可能安排在上午完成登頂，

以免山區夜騎，另也可以避免下午的變天。

● 登山鞋

若打算在旅程中加入登山健走行程，由於有些車友有上卡穿卡鞋，這時得另外準備適合走步道的登山鞋；若沒有上卡，則騎車時可以穿著硬底且防滑的登山鞋，就可以直接用於健走，無須額外準備鞋子徒增行李重量。

# 特別收錄

# 新北
# 3金典路線

**在** 2018年接了一個坪林自行車道路線規劃，主要是以坪林幾條自行車道為核心，找出適合騎遊的路徑。而這個規劃，讓我意外看到一條值得慢慢推廣的好路線，而且是透過茶這個主題，以單車淺觸台北近代發展的旅程。到後來，因更深入這路線，衍伸出3條新北與近代產業相關的經典路線（茶：綠金路線、煤：黑金路線、金：黃金路線）。希望本篇新北3金典路線的介紹，能夠讓您藉由單車一步步探訪早年北台灣產業脈絡，逐步建立出與這塊土地新的連結。

## 新北三金典路線全圖

八堵　瑞芳　九份　▲無耳茶壺山
金瓜石
猴硐
五分山▲
大稻埕　北門
艋舺
三貂嶺　雙溪
平溪　大華
景美
深坑老街　石碇老街
坪林老街
跑馬古道
礁溪

**圖例**
—— 黃金路線
—— 黑金路線
—— 綠金路線
● 地名

# 金典 1 綠金路線：我的單車茶路

## 第一次騎進坪林老街

　　記得多年前剛開始騎進坪林老街，雖然看得出公單位有花經費整理，地上鋪了地磚，招牌也有整頓，但街內冷冷清清的，狗懶懶地躺在商店前，騎經牠身旁，完全沒有反應，街坊鄰居也自顧自地聊天，由她們看我們的眼神可以感覺，我們像是誤闖社區的外客。

　　比起深坑老街、石碇老街等新北其他老街，坪林老街的建築看起來歷史不太久遠，街內短短的，只有一個社區常見的信仰中心「保坪宮」，以及一個躲在牆角的土地公廟「福德宮」，還有幾家飲食店看得出來有做觀光客生意，但生意應該不好，因為來的時候是假日，街上遊客很少。

　　唯一讓我有印象的，是一進坪林老街立刻聞到茶香，仔細看了一下，街內的確有幾家賣茶葉的店家，而且有一家正在炒茶。由於坪林茶頗有名氣，所以有賣茶葉的店家甚至是製茶場所很正常，比較不一樣的是，那個味道比起以往聞到的茶香味多出了淡淡的香氣。茶香與保坪宮香火飄來的香氣相混的味道，可以說是我對坪林老街唯一比較深刻的印象。

　　雖然坪林老街沒有太多遊客，但老街的店

家相較台9北宜兩側安靜許多，對於不求精緻飲食的我們，在這裡找個傳統店家坐下來，悠閒地補充由台北騎過來已經消耗殆盡的能量，是我們很喜歡的方式。

## 帶外國人來台灣騎車

在進行坪林自行車道路線規劃委託那段時間，花了不少時間探查坪林可以騎單車的路段，也接觸了坪林滿山遍野的茶園，為了讓遊程內容更豐富，自然會對台灣茶葉文化做些初步認識。這時好友Shosho Chang因為常帶外國車友在台灣騎車，曾經騎過不少國家的他常思考一個問題：

在一次交換意見時，他向我提出這個疑問。

正值密集造訪坪林的我，心中突然有個靈感，透過上網查詢、上圖書館借書，以及購入與茶歷史相關的書籍，經過一番閱讀，在一本名為《植物獵人的茶盜之旅：改變中英帝國財富版圖的茶葉貿易史》（莎拉·羅斯著，麥田出版）書中，看到書內前言這段「世界地圖曾經因植物而重繪。中英兩大帝國掀起戰爭，致使版圖巨變，導火線不過是兩種植物：罌粟與茶。」後，認為透過世界3大種植物飲品之一的茶葉在台灣的發展歷史，很有機會可以讓外國人在台灣騎車時（尤其是大台北），與全世界有所連結，而不會僅止於美食、夜市、天燈等無法展現單車特色的主題。

> **帶外國人來台灣騎車，可透過什麼主題可以讓台灣與全世界連結？**

我這時向他力推一條北台灣茶葉由產地運送到全世界的路徑，也是一條可以透過單車講述台北發展史的路徑。

## 坪林老街·石碇老街·深坑老街·迪化老街

從一開始的坪林老街，到後來因為走106乙（豐田公路）要去坪林探查路線，經過石碇老街這條原本以為只是因為採礦而起落的聚落時，在老街尾和一家百年打鐵店老闆閒聊，對於他的店在百年前服務的顧客型態感到好奇（石碇採礦是日治時期才開始發展）。後來，由106乙越過越嶺點下滑接近坪林時，由於老街入口位於下坡，且離最熱鬧的北宜公路街區有段距離，因此以前總是會錯過。但那次仔細觀察現場街道方向，發現106乙其實早年應該是直進坪林老街，然後接到日治時期建於北勢溪上的坪林舊橋，再續往宜蘭，只是後來老街旁邊開了新路新橋拉直，商圈移轉，所以才逐漸被遺忘。

這個觀察讓我產生了一個疑問，難道106乙是老路拓寬？如果是，那「會不會石碇老街和坪林老街其實是相連的？」

這個疑問引發我更大的好奇，開始四處找尋相關的資料，最後在中央研究院人社中心地理資訊科學研究專題中心所開發的「台灣百年歷史地圖」網站上，由日本人手繪的《台灣堡圖》上找到可能的答案。果然沒錯，在地圖

上百年前這裡就已經有路，稱路或許會以為是可以供車輛行走的馬路，實際上那時候比較接近只供步行的保甲道。重點是我們所熟知的坪林老街、**石碇老街**都是在沿線，深坑老街也是，而且深坑老街是以前水運的重要轉運碼頭，這條路台北端接台北城，宜蘭端先沿北宜公路前進，最後在越嶺點石牌轉現今的跑馬古道接礁溪。

而現今石碇老街到深坑靠景美溪右岸的道路，前身是日治時期採礦運輸的輕便軌道。透過更多閱讀以及實際騎訪，這些關鍵字開始讓我透過單車，逐漸看懂茶與台北發展的脈絡，而這個脈絡的樞紐，就是迪化老街所在的位置——大稻埕。

## 頂下郊拚・包種茶

大稻埕的繁華，形成原因非常多，我的解讀以內部與外部環境區分如下，而這幾點與主題「單車茶路」有間接與直接的關聯。

### ◉ 內部因素：頂下郊拚

這個1853年發生於艋舺的分類械鬥，是乾隆、嘉慶後來台的泉州移民，由於前來的人口漸多，為了艋舺碼頭商業利益有了多次的拚鬥，後來落敗的同安人逃離艋舺，最後落腳大稻埕。

**石碇老街**

石碇村在清朝分為中埔、內埔和內月仔，中埔即為今日石碇西街，當時是茶葉集散地；東街則包括內埔和內月仔，昔日是煤礦和商業中心，雖然開發較晚，但後來取代西街，成為最熱鬧的一條街。

而大稻埕與艋舺一樣靠淡水河，所以同安人在此也是以碼頭貿易為主，且艋舺後來逐漸淤積，因此是開啟大稻埕開始發展的契機，這些過程網路上有相當多資料可以參酌，這邊就不再贅述。

### ◉ 外部因素：台灣開港

會有頂下郊拚是源自於碼頭商業利益爭奪，這樣的現象其實自古來屢見不鮮，但大稻埕高速的發展，主要還是因為在大環境上遇到了一個歷史上重大機遇。

台灣早前因清朝封閉政策，貿易對象是大陸沿海城市，例如廈門、福州，出口的貨物以糖、米為大宗，因產地位置因素，台南、鹿港發展得早，後來的艋舺則多了茶、樟腦等。

後來中國第二次鴉片戰爭失敗與英、法、美、俄簽訂條約，其中約定台灣開台南（安平）、淡水（滬尾）為通商口岸。由於在此之前台灣是不准外國商人進入，因此台灣開港後，出口的貨物由內銷轉為歐美所需求的外銷為主，這個大轉變，可以說是大稻埕發展的歷史關口。

其中最大的關鍵因子就是茶，因為茶在當時是歐美非常流行的飲品，而且是高利潤的飲品，英國對中國輸入鴉片所賺取的銀元，買的就是茶。商人將茶運回英國獲取高額的利潤，

英國政府也獲得大量稅收，因此相較糖、米這類競爭型產品，茶自然是歐美商人追逐的商品。所以台灣開港後，英商開始到台灣設立洋行，收購茶葉轉運到福建加工，並將茶運回倫敦，而英國商人John Dodd更將大陸種茶、製茶、人才引進提高品質、降低成本，並將台茶推往國際市場。

當時台灣4大出口產品：茶、樟腦、糖、米，其中糖與米以南部為主，茶和樟腦產地位於北部，茶和樟腦的出口需求讓北部出現發展的空間。

在這發展過程中，英商John Dodd開設的寶順洋行原本在艋舺設置製茶廠，卻因當地人排外，被迫遷往大稻埕，這樣的舉動形成大稻埕開放而艋舺封閉的態勢，因此台灣開港後洋行均設在大稻埕，加上艋舺本身也逐漸淤積，利之所趨下，茶葉貿易規模高速擴大，大稻埕開始超越艋舺成為北台灣的商業中心，清末台北更是取代台南成為台灣的政商中心。

以當時的產業角度來看，北台灣因為茶、樟腦而發展的聚落相當多，但純因茶業而興盛，則應屬我們這次所探索的深坑、石碇與坪林3個聚落，而現今這3個聚落與茶產業仍然緊密相依的，那就是坪林了！

若是帶外國人來台灣騎車，茶這個主題的確非常適合透過上述歷史（當然要更深入探索

Goods

**包種茶歷史**

台灣開港後，許多外國洋行在大稻埕設點，然後透過在地的買辦收茶，轉運到歐美賺取大額利潤，高利潤的行業自然會吸引大量的同業競爭。由於華人加入競爭，品質與洋行有落差，加上受到世界景氣影響，茶開始滯銷，這時茶商為了增加賣點，將滯銷的茶運往大陸加工（本來大稻埕以烏龍茶為主力），薰以花香，開發出新的品項稱為包種茶，改銷南洋，結果大受歡迎。而包種茶的製程後來在台灣經過改良精進，受歡迎程度僅次於烏龍茶。民國後因產地轉移等因素，有了「北包種、南烏龍」的說法，而文山包種、坪林包種，可以說是包種茶的代表。

內化），讓台灣與全世界連結。而且以坪林往石碇、深坑、大稻埕、艋舺（萬華）回溯，甚至加上另一個方向由坪林接往宜蘭，找出一條北台灣特有的單車茶路，更是可以透過實際走訪接觸，深化以上所說的台灣這段歷史。

簡單介紹完大稻埕、茶的發展，下一段我們開始連連看，看看這條單車茶路該如何走。

## 百年保甲路與我的茶路

這條茶路我想依循的路徑，是以茶葉由摘取到出口的運輸路線，而且是以大稻埕往回上溯，溯往上面提過的深坑、石碇與坪林3個聚落，然後再由坪林延伸到宜蘭（參考右頁地圖）。

《台灣堡圖》中那條開啟我們找尋這條單車茶路的保甲路，若以地圖比對台北段到深坑，大致是由南門出台北城（舊）沿著南昌路轉和平西路，然後接崇德街到福德坑環保復育公園，最後接上北深路到深坑。這段路因為崇德街一帶是墓區，且由於茶樹生長大多在山區，早年山區交通並不發達，深坑、石碇與坪林等大文山地區的茶收成後，大多由水運運往艋舺、大稻埕。因此，我想走的路徑以當年的水運路線——景美溪為主。

路線的起點設定在三市街（三市街指的是艋舺、大稻埕、台北府城，為台北昔日的發展中心）中台北府城的北門，先往北

進大稻埕，了解茶葉帶來的財富如何讓大稻埕脫胎換骨，後由大稻埕水門進河濱自行車道（這裡也就是大稻埕碼頭），沿自行車道騎到桂林路底堤外停車場，也就是艋舺舊碼頭附近再轉回市區，由所謂台北第一街的貴陽街（也就是台北最早的街道），前行至曾因頂下郊拚被火燒的艋舺清水巖，然後向南由康定路轉汀州路往公館（汀州路前身是萬新鐵路），在公館永福橋下再進到河濱自行車道，至此開始沿當年茶由石碇、深坑運往大稻埕的水運路線往上游騎。

順著新店溪右岸的自行車道，騎到景美續走景美溪右岸的自行車道，抵達木柵動物園後離開自行車道，進新光路（106乙）。這時雖然已經離開河濱自行車道，但公路依舊是沿著景美溪畔，很快地就可以來到因茶而發展的聚落——深坑老街。

由碼頭轉進老街，逛完後開始進入山區，這時走的是前身為輕軌道的公路，快到石碇前轉景美溪左岸的淡蘭古道，然後進石碇西街接石碇東街，也就是石碇老街。走完有如時光隧道的石碇老街，再來就是一大段較辛苦的爬坡，走的是106乙豐田公路，這條路的前身就是前面一直提到的保甲路了。

越過海拔約600m的高點，開始在兩側盡是綠油油的茶園間下滑前往坪林，最後，抵達這次路線的目標地——坪林老街。行腳至此，心目中的茶路已經大致走完，剩下的是坪林到宜蘭

綠金路線圖

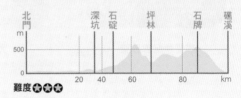

綠金路線高度圖

難度 ★★★

這段了，但這時肚子應該已經餓了，在坪林不管是老街還是北宜公路兩側的茶莊，都有餐飲可以休息補充，所以在這裡稍微休息一下，然後再繼續騎往宜蘭。

由坪林往宜蘭走的依然是舊地圖上的保甲路，在石牌之前的保甲路現今已是北宜公路，但在石牌開始有一段被保留了下來，這段就是跑馬古道。由於跑馬古道全程皆是碎石路，且會有不少健走的遊客（尤其是假日），因此進入古道後，單車要改用牽的。在高度隨著蜿蜒山坡下降中，最後進到礁溪，完成這段我們心目中的單車茶路，也就新北3金典的「綠金路線」。

# 綠金路線推薦景點

綠金路線推薦景點僅列幾個，重點是在於可以串起故事的軸線，尤其是單車茶路的部分。

### 台北城北門

清末時期，由台北城出了北門即可前往大稻埕。1895年，日本軍隊即是由北門進到城內接管台北。

### 李春生紀念教堂

李春生為大稻埕仕商，為英商John Dodd在台灣的買辦。John Dodd開創台灣茶業風潮，被稱為台灣烏龍茶之父。

### 大稻埕碼頭

早年大稻埕取代艋舺成為台北船運重鎮，現今大稻埕碼頭則是民眾休閒好去處，以及車友約騎的集合地點。

### 台北第一街

台北最早發展的街市是艋舺，而貴陽街一帶是艋舺發展最早的聚落，因此這裡被稱為台北第一街。

### 艋舺清水巖祖師廟

在1853年頂下郊拚事件中，泉州三邑人攻打同安人，為了要繞過沼澤，安溪人艋舺清水巖被燒毀。

### 河濱自行車道

沿著淡水河、新店溪、景美溪往上游都有自行車道，旁邊的河流即是早年茶葉的運輸水路。

### 深坑老街

深坑最早的發展，是因此處昔日為茶葉的集運碼頭，而現在最知名的可能是豆腐了。

### 淡蘭古道石碇外按古道

外按古道位於景美溪左岸，是一段淡蘭古道重建段，沿途景色優雅，雖然不少處得扛車，但很值得牽著單車走一遭，最後還可以接到石碇西街。

### 石碇西街

石碇西街發展得比東街早，早年是茶葉集散地。

### 石碇東街

石碇東街又名不見天街，當年因西街狹小逐漸發展過來，後來又因採煤發展，反而比西街更繁榮。

### 106乙豐田公路

前身大部分是百年前的保甲道，陡度不低，若是夏天騎這段，因為樹蔭少，需要特別留意防曬。

### 漁光村

漁光村充滿綠意的茶園，純樸的聚落，美麗得令人流連忘返。

### 大舌湖步道

漁光村與虎寮潭間的步道，登山車可通行（有些部分得扛車），可以取代北42。

### 虎寮潭

虎寮潭因地形走向與北勢溪溪流方向不同，長年沖刷下出現的狗齒地形，是這裡最大特色。

### 南山寺

由北43（車友間暱稱為藍鵲公路）越嶺往坪林下滑時，會經過南山寺（仙公廟），寺廟建於日治時期，是坪林重要的信仰中心。由於位處制高點，景色優美，也是車友重要的休息站。

### 坪林老街

台北3個因茶發展的聚落，目前僅存坪林與茶產業仍然緊密連結，街上有不少茶莊。

### 冷泡包種茶

坪林有些茶莊（也是餐廳）除了提供餐飲服務外，也會同時提供冷泡包種茶給在此消費的顧客飲用。

### 北宜公路

只要不是重點時段（假日傍晚），兩側公路景觀和溪谷景色令人讚賞，緩適的坡度更讓騎乘單車充滿樂趣。

### 石牌

石牌為北宜往宜蘭的越嶺點，跑馬古道入口就在石牌附近。

### 跑馬古道

跑馬古道是先民進出淡水廳與礁溪，進行貨物交易、運輸民生物資的重要聯外交通，為淡蘭古道支線之一。

# 坪林3條景色優美的自行車道

坪林位於北勢溪上游，北勢溪抵市區後向左轉往北宜高方向，在快到市區前有2條支流，分別是金瓜寮溪、鱺魚堀溪。坪林3條自行車道就是以市區為中心，沿著北勢溪、金瓜寮溪、鱺魚堀溪向各自的上游輻射。

由於自行車道之間沒有串連，無法成為環線，僅能透過相互之間的產業道路以及北宜公路來銜接，而且道路陡度高並容易濕滑，因此建議前往時可以坪林市區為出發點，採原路折返方式來騎行。以下是這3條自行車道簡介。

**路線 1**

### 北勢溪自行車道

坪林老街→茶香地營地，原路折返，全程約 6.4km

曾被票選為台灣北部最美（但也最短）的自行車道，入口位於坪林交流道附近，但由於離坪林主要鬧區有些距離，因此前往騎車的車友較少，車友前往北勢溪自行車道可以直接由坪林街上騎去，也可開車載單車停在入口處附近的停車場，組好車之後再往內騎。

坪林自行車道示意圖

YouTube 影片紀錄

療癒·坪林
https://www.youtube.com/watch?v=nG9iv4_0afl

### 路線 2 鰱魚堀溪自行車道

坪林親水吊橋→青雲橋，原路折返，全程約14km

鰱魚堀溪自行車道非常單純，除了有一段進入產業道路需要爬點坡之外，很多段都是沿著溪岸的專用道，因此只要按照體力時間，在適當時候原路折返即可。由於是原路折返，因此如果打算輕鬆遊，享受河岸溪谷風光，建議可以騎至鷺子瀨橋稍作休息後即可折返。

### 路線 3 金瓜寮溪自行車道

坪林親水吊橋→親水公園，原路折返，全程約22.1km

金瓜寮溪自行車道一開始為緩升坡，車道穿梭於茶園村落之間，沒多久就可以進入建於溪畔的賞魚步道。由於金瓜寮溪全段護魚保育有成，因此溪中魚群處處，是親子賞遊好去處。

在上上下下以上坡為主的自行車道揮汗來到高點，進入金瓜寮茶香生態村，由坪林親水吊橋至金瓜寮茶香生態村大約5km，這裡有公共廁所，也有商家，很適合稍作休息，或是當為折返點。

如果打算在金瓜寮溪自行車道玩一天，或是體力較佳的旅客，在金瓜寮茶香生態村休息補給之後，可以繼續往前挑戰，隨著海拔高度爬升，欣賞路旁植物林相變化。途中經過金瓜寮魚蕨步道，可將單車鎖放徒步進入，近距離觀察蕨類、溪流與生態。

車道終點為金瓜寮親水公園，適合親子騎車來此戲水，更適合三五好友騎車到此，坐下來享受難得的深山祕境。

# 金典 2 黑金路線：走入淡淡黑金歲月

　　由坪林自行車道路線規劃開始，以茶業發展作為路線主題後，串出一條與茶相關的綠金路線時，途經石碇東、西老街，雖然石碇西街發展與茶相關，但石碇東街後期的發展卻與採煤有關，因此我的目光開始有所轉換，因為若以產業來看北台灣早期的發展，近代因礦業開採（煤、黃金）所形成的交通動線，我發現非常適合以單車探索新北東北邊許多聚落人文風情。

## 以單車探索平溪線一帶的煤鄉

　　因為近代產業發展，石油尚未普及前，煤是最重要的能源，瑞芳、猴硐、平溪、石碇等地豐富的礦藏，就是透過鐵路運輸至基隆，提供輪船作為動力。採煤需要大量人力，煤場附近因採礦者聚集而形成的聚落，經過時光的沉澱，如今已經蛻變成旅客探奇遊覽的勝地。

　　若提到採煤的鐵路運輸，那一定要先了

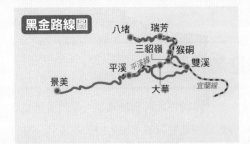

黑金路線圖

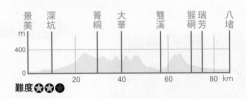

黑金路線高度圖

難度 ★★✰

解鐵路平溪線，因為平溪線一開始就是為了採煤而建，早年稱為石底線。由老地圖看，石底庄大約在菁桐、平溪一代，煤炭礦藏豐富，台陽為了採煤所建的鐵路就是依此而命名。平溪線沿途的車站，每一站附近早年都是煤礦區，再加上三貂嶺往瑞芳方向的猴硐、瑞芳、四腳亭等站，附近也都是礦區，早年煤礦皆是以火車來運輸。

找出探索煤產業的路徑主軸是鐵路後，我們再將每個車站做一次整理，但因為這些車站有大半是在山區，因此整理的方式是以鐵軌鋪設盡量平緩，最好是順著等高線走。由高而低排列來看，從平溪線的菁桐、平溪、嶺腳、望古、十分、大華到三貂嶺，宜蘭線的三貂嶺、猴硐、瑞芳、四腳亭、暖暖、八堵甚至一直到南港、松山站，我們會發現，這些車站是

**❝也就是說，要以單車探索這帶的煤鄉，跟著歷史悠久的運輸線──平溪線走，過了三貂嶺銜接上鐵路宜蘭線就對了。❞**

沿著基隆河兩岸而行。

所以依著基隆河岸左右找出單車可以走且風景優美的道路，一條經典的黑金單車路線即可出現。這條黑金路線，可以說是沿著平溪線，也可以說是沿著基隆河，騎行的方向可以依照個人喜好來決定。

但由於平溪線的大華站與三貂嶺站之間，除了鐵路之外並沒有公路，因此這段需要繞行到雙溪轉猴牡公路來銜接。不過預計2021年牡丹－三貂嶺之間的三貂嶺舊隧道會改建為自行車道，屆時牡丹與三貂嶺之間就不須爬猴牡公路，直走自行車隧道即可。

另外，車友也可利用攜車袋將單車打包，在大華站與三貂嶺站間搭乘火車，但要注意由於平溪線搭乘的遊客非常多，要有萬一人太多上不了火車的心理準備。

**基隆河源頭**

基隆河發源於新北平溪薯榔里山區，若以騎單車的視角，源流附近的分水崙是公路越嶺點，這裡也是與景美溪水系的分水嶺，在公路最高點往觀音禪寺小路旁有基隆河源頭指標，非常適合當成路線樞紐點，當然也很適合作為拍照打卡點。

**石底大斜坑**

石底礦坑是台陽礦業在平溪線上最大的煤坑舊址，石底地區地底各坑道所開採的煤礦集中到斜坑，再由台車運出來提升運輸效率。礦區各項設施保留非常完整，洗煤場、坑口辦事處、配電機電房等建築分布在礦區，旁邊下方即是菁桐車站，早年開採的煤礦即是由火車運送出去。在菁桐基隆河右岸（石底大斜坑、菁桐車站在左岸）也有台陽的舊宿舍、遊樂場（舊）等遺跡，是可以多花些時間走走的地方。

若以黑金路線探索為主題，來過台陽礦業所開發的最具規模的石底礦坑及菁桐老街聚落後，再到由瑞三公司所發展出的瑞三煤礦及所形成的猴硐聚落，對於北台灣早年礦業（煤）模樣，就有很具體的樣貌了。

# 黑金路線推薦景點

　　以下即是這條黑金路線由菁桐到瑞芳、八堵沿途景點推薦（路線簡圖及高度圖設定起點為景美），由於平溪線、猴硐、瑞芳之間景點非常多，因此僅列重點。

**YouTube**
影片紀錄

走入淡淡黑金歲月，
騎訪悠悠平溪線
https://www.youtube.com/
watch?v=ZvgJGJHUSd4

**菁桐老街**

菁桐老街或許不比平溪老街、十分老街來得熱鬧，但是值得一訪再訪的煤鄉聚落，這裡保有許多老建築，牽著單車走過老街，可以享受一種很悠閒的氛圍，當然，有時也可以上演一段單車追火車的歡樂。

**平溪老街、十分老街**

這兩處是平溪線上最熱鬧也是遊客最多的老街，除非一大早，否則人潮熙攘之下，單車會較難進入，但老街周邊很多商店，因此很適合作為補給休息點。

### 平溪防空洞

這個位於平溪觀音巖旁由5座山洞組成的防空洞，裡面空間據説可容納百餘人，保留相當完整。

### 嶺腳瀑布

嶺腳瀑布為平溪僅次於十分瀑布的第2大瀑布，入口在嶺腳車站附近，也很容易到達，很適合加碼造訪。

### 望谷瀑布

離望古車站不遠，繞由後方產業道路前往更近，進入步道還須走一小段路，建議帶鎖具將單車鎖放在入口。

### 平溪線山區瀑布

平溪線大華－三貂嶺兩側山區有許多瀑布，例如右岸的粗坑瀑布、幼坑瀑布，左岸的合谷瀑布、摩天瀑布、枇杷洞瀑布，雖然都是步行才能前往，但都非常精采。

枇杷洞瀑布　摩天瀑布　合谷瀑布　幼坑瀑布　粗坑瀑布

### 雙溪渡船頭

淡蘭古道的重要關口，如今雖然盛況不再，但聚落保有許多古早屋舍、街道，也有許多傳統的點心美食。

### 牡丹車站

車站最大的特色是有個彎曲的月台，當火車停靠後，彎曲的列車成為旅客拍照取景的最佳畫面。

### 三貂嶺車站

宜蘭線、平溪線的交會車站，也是唯一沒有道路可到達的車站，除了搭火車外，得沿著鐵道旁小徑徒步前往。

### 猴硐

這裡有瑞三煤礦遺留的礦業歷史、昔日礦工居住的聚落，還有為運煤所搭建的拱橋，透過主題式的景點造訪，可以讓旅行有更深刻的收穫。

### 瑞猴自行車道

瑞猴自行車道沿著基隆河畔的鐵路舊道修建，是往來瑞芳－猴硐的單車專用道，車道沿途有員山第一、二、三號隧道，非常有特色。

### 瑞芳老街區

老街區有許多值得造訪的景點，例如礦業鉅子李建興的企業總部——義芳商行，以及商行後方小路的輕便道遺址，可一睹當初採金的輕便車行走軌跡。

# 金典 ③ 黃金路線：輕騎再訪水金九

循著上一段推薦的黑金路線來到以礦業曾經繁華一時的瑞芳，

如果以採金為主題，瑞芳、九份、金瓜石是昔日金礦業主要聚落，當然一定要納到路線，實際上瑞芳、九份、金瓜石也早已是北台灣熱門景區。而現實狀況是單車愛好者人口最多的台北市、新北市距離瑞芳、九份、金瓜石有相當的距離，大家往往都是設定102道路上的不厭

> **它名字由來，恰好可以勾勒出北台灣近代另一個重要的行業——金礦業。**

亭，或是106道路附近的五分山作為目標。若是繼續往九份或金瓜石，除了時程遠，到達時也剛好遇到觀光客最多的時間，除賞遊品質受到影響，騎行安全也有疑慮。

因此我們經過許多次探索，認為若要有較充裕且人較少的時間騎遊以黃金為主題的路線，最佳的方式還是搭乘火車或是4＋2到瑞芳。清早由這個以礦業而發展的老鎮為出發點，再將與採金相關的主要景點，例如九份、金瓜石、本山礦場、小金瓜露頭、無耳茶壺山登山口，或與單車相關的景點，例如不厭亭、五分山、雙溪（補給點）等串連，就可以拉出很經典的環狀路線。

由於有幾個景點海拔較高，且路線上下落差也大，因此這條黃金路線較之前的綠金、黑金路線挑戰度高一些，但若是天氣好且出發時間早，景色也相對美到爆表。而這也是除了這個路線有相當人文厚度外，另一個要推薦的理由。

### 以金礦發現及開發順序來了解這路線

理解了為什麼要由瑞芳出發以及可以串連的景點後，建議以單車造訪黃金路線時，可以參照九份、金瓜石金礦發現及開發順序，來作

**黃金路線圖**

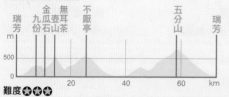

**黃金路線高度圖**

難度 ★★★

為深刻了解這裡的途徑，雖然與景點順序不見得一致，但因為此區金礦礦脈位置與地形有直接關係，而這個關係又與騎車需要以穩定踩踏沿著地勢而行的特性相符，因此多一個角度來觀察，可以更有跨度的理解。

瑞芳金礦的發現，是源自清光緒時期在七堵基隆河河段修建縱貫鐵路鐵橋時，工人在河道中發現沙金，關鍵是發現沙金的這些工人早年曾經在美國修築鐵路，後來在美國也參與淘金，知道如何淘金，他們在七堵基隆河發現沙金，自然掀起了基隆河淘金熱。之後淘金客循著基隆河往上游探查，先發現了現今位於不厭亭附近的小金瓜露頭，隨後又發現大金瓜露頭，因兩地金礦特性與開採規模、方式等差異，這2個露頭以基隆山為界，才分別發展出九份與金瓜石2個主要的採金聚落。

因此路線由瑞芳出發後，可以在尚未有過多遊客時，先造訪九份、金瓜石2個山城，然後騎往無耳茶壺山登山口，將單車暫放入口旁，徒步登往茶壺山，由茶壺山頂展望本山礦場、小金瓜露頭，以及基隆山、五分山、草山、半屏山、燦光寮山等附近名山之後，返回九份轉102道路往不厭亭。

在前往不厭亭途中，可由金瓜石地質公園前往本山礦場，然後回到102道路，在大粗坑古道之前探訪小金瓜露頭。

越過不厭亭之後下滑往雙溪，做適當補給後循台2丙騎往十分，如果行程是搭火車由瑞芳出發，到十分之後可以不回瑞芳改左轉106道路經平溪、石碇回台北；若想要再挑戰五分山，則可右轉106道路，挑戰完五分山後，續往瑞芳搭火車離開或返停車處。

# 黃金路線推薦景點

黃金路線上可以推薦的景點相當多，以下依照上述路線依序介紹幾個，可以作為計畫時參考。

**輕便路**

輕便路是由瑞芳往九份的102道路快到九份前右側一條小徑，這條路附近即是以前從瑞芳流籠腳到九份運載貨物或人員的台車運行的輕便道。小路沿山勢而建，是當地居民出入途徑，途中有很好的視野可以望向海洋，也可以經過充滿古意的隧道進入九份山城，雖然較陡一些，但非常適合喜愛祕徑的車友前來。

**金瓜石**

因採金、銅礦而發展的山城，曾經因礦業衰退而沒落，如今又因獨特的風景而蛻變為一個國際知名的景區，由於單車的侷限，或許無法細膩地造訪這裡因歲月所留下的痕跡，但卻可以讓我們以另一種角度看盡金瓜石前世今生的輪廓，只要懂得運用，一個值得一訪再訪的好地方就會呈現在眼前。

**九份**

清早由瑞芳出發，在遊客大量抵達前就來到來九份，可以看到這裡曾經的寧靜與悠閒。

### 六坑斜坡索道上入口

這是金瓜石用來載運礦產的台車索道，上方入口位於往無耳茶壺山途中，可看見十三層遺址和陰陽海。

### 本山礦場

本山礦場原址即是大金瓜露頭所在，現因開採使得金瓜外型已不復存在，但金瓜石地名則源自此露頭的外型。

### 小金瓜露頭

位於102道路旁，與另一邊的大金瓜露頭一同創造了九份、金瓜石昔日的輝煌歲月。

### 五分山

海拔757m，山頂建有氣象雷達站，白色球形站體極為醒目。由於往五分山道路沿途，不管是看往基隆港灣、基隆山、東北海濱都有極佳的視角。

### 無耳茶壺山

無耳茶壺山海拔約600m，由於登山口到山頂只有約十幾分鐘腳程，且步道很好走。往無耳茶壺山沿途視野非常廣闊，沒有林木遮蔽下，陰陽海、十三層遺址、基隆山、金瓜石、九份等處一覽無遺，非常適合將單車留在入口後徒步前往。

## YouTube 影片紀錄

瑞芳、九份、金瓜石一帶除了以單車造訪的景點外，尚有許多地方需要利用徒步造訪，建議車友們可以利用單車對此區有了些基本認知後，再另外安排1、2日到此漫遊的行程，一定會有更不一樣的收穫。以下影片QR Code連結，是我們單車造訪黃金路線的影像紀錄，提供您參考。

**輕騎再訪水金九，親山、看海、望藍天**
https://www.youtube.com/watch?v=oKLpHci8xSY

### 不厭亭

位於102道路最高處，也是雙溪區和瑞芳區的分界點，天氣晴朗時景觀非常棒，是車友經常約騎造訪的景點。由於102快到不厭亭前道路與台14甲快到武嶺前的「天堂路」路型相似，因此也有「小武嶺天堂路」的暱稱。

# 附錄 1 在台灣，如何透過 大眾運輸運送單車？

**由**於各大眾運輸系統對於單車運送接駁會有不定時的變動，以下內容所提出的建議，重點是期望讀者先掌握整體概況，繼而可以順暢利用，實務細節請依照各系統最新規定來調整。

台灣號稱是自行車島，歡迎國外車友來騎單車，國外車友入台最重要的交通是搭飛機。首先，在好不容易抵達桃園機場，辦好入境手續領出行李以及裝在紙箱中（或專用攜帶箱）的單車，由於出入桃園機場的道路均不能騎單車，因此千萬不要將裝在箱中的單車組裝打氣（單車上飛機前須將輪胎洩氣），而是在機場選擇可以將人及單車送達目的地的大眾運輸工具，或是可以開始騎車上路的地點。

● 裝箱的單車視同行李不另收費（注意尺寸規定）

● 機場手推車不能推入機場捷運站內

看過以上要點，會發現若是裝在紙箱搬運上會很不方便，對於打算入

> 桃園機場的行李手推車禁止推入機捷站內

> 拆解洩氣後裝箱的單車

> 機捷直達車行李空間充足

## 機場捷運

一般而言，可帶著裝在紙箱、攜車箱中（裝在攜車袋內也可以）的單車搭上機場捷運離開機場。機場捷運是前往台北最方便的大眾運輸工具，也可以搭到桃園高鐵站轉乘高鐵往南。以下是車友要注意的要點：

> 機捷往桃園高鐵的普通車沒有大型行李空間（前方較空曠處是殘障車的空間）

# 單車直上機場捷運

機場捷運有開放特定時段，可以付費整車不打包搭乘，開放重點如下。

● 週六／日、國定假日全天開放；上班日開放進站時段10:00～16:00

**Attention**

● 除A12機場第一航廈站、A13機場第二航廈站、A14a機場旅館站，其他車站均開放自行車進出及轉乘

由於剛抵台的國際旅客單車會裝在箱內，且與機場出入境相關的車站不開放單車進出，因此這服務是偏向提供給在地車友，利用捷運前往線上其他各站使用，其開放模式與台北捷運類似。

桃園機場內巴士售票處

若是出境，在台北車站可以辦理預先登機（特定航空公司），免除搬運紙箱的麻煩，不過站內無手推車，因此車友仍要想辦法自行搬運到櫃台

境就要就近直接騎行的車友，除了機場捷運找個站出站組車外，我建議也可以利用機場手推車推到機場巴士站，人車一起搭機場接駁巴士到桃園高鐵站下車組車，就不須為了機捷內紙箱搬動的問題傷腦筋（接駁巴士有空間可以放行李，但人數多就不適合，請參考大型客運說明）。當然，若是使用有附輪子的攜車箱則就不受影響。

## 大型客運

在台灣除了火車，大型客運是單車接駁主要的大眾運輸工具之一，因此入境後也可以選擇搭機場客運前往目的地，不過由於業者眾多，各家對於單車攜帶的規定有些不同，整理幾個要點提供參考。

● 大部分業者均可接受經過打包的單車放入行李廂
● 有些業者會收半票
● 若其他旅客行李多，有可能會被要求搭下一班
● 客運因行李廂空間有限，一次無法容下太多單車，因此較不適合車友團體利用

除了機場，全台灣的大型客運自行車攜帶及收費模式大同小異（少數業者免打包，僅需要拆前輪且免費，例如首都客運），所以上述的要點可以通用。

依照我們的經驗，大部分大型客運司機對於單車客帶單車已經很熟悉，很多甚至會主動幫忙將單車放入行李區，因此若有需要，可以在站點詢問服務人員，應該

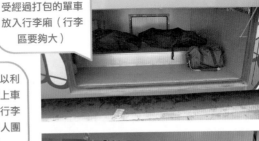

大部分業者均可接受經過打包的單車放入行李廂（行李區要夠大）

裝箱的單車可以利用手推車推至上車處。由於巴士行李空間有限，多人團體不適用

桃園機場與桃園高鐵的接駁巴士，行李是置於車廂內

特定業者甚至拆前輪即可放入行李廂（首都客運－宜蘭、花蓮）

Tips

## 台北往返花蓮的客運

　　蘇花改通車且有了「北花線」客運後，由於太魯閣是國內外許多車友路線安排上的起點，而走蘇花的北花線有停靠離太魯閣較近的新城站，因此利用「北花線」攜帶單車亦是很不錯的考慮。

◉ 台北（板橋）往返花蓮的「北花線」

　　目前有首都、統聯、台北客運等3家業者經營，班次非常多，載客車型就是各家業者傳統車型，傳統車型空間大，但站方會以一般遊客行李優先，並須使用攜車袋保護單車以免碰撞（以各家規定為準）。

◉ 車型

　　與傳統車型相較，「北花線」有款特別的車型稱為「回遊號」，「回遊號」因為有輪椅空間，車身有另開一個門，因此下層行李廂空間較小。由於每日班次不多，因此建議儘量錯開以免單車放不進去。

◉ 行車時間

　　台北到花蓮行車時間（未塞車）約3.5小時，到新城則約3小時，回程也差不多，但要注意大假日會塞車。

◉ 乘車地

**台北端：**統聯、台北客運在南港轉運站搭乘；首都客運在板橋客運站乘車。

**花蓮端：**統聯、首都、台北客運在花蓮火車站、新城火車站搭乘。

都會獲得應有的協助。如果遇到要收費，就按照該家業者規定付費，就當成是旅行的必要成本之一。

## 高鐵

雖然桃園高鐵離機場有些路途，但由於機場捷運接駁很方便，甚至機場也有接駁巴士可以搭乘（請參考大型客運說明），所以也是前往台灣西部城鎮單車旅行的接駁選擇。高鐵由於是單一車型，因此規定相對簡單，以下是整理要點。

●單車經過打包可放在行李區，合於尺寸限制者不須另外付費；若使用大尺寸攜車箱，須付費並置放於規定區域

●因行李區空間有限，無法容下多台單車，不適合車友團體利用

> 高鐵有明確規範攜帶單車的規定

> 桃園高鐵站是桃園機場出境後往西部各城鎮的重要轉運點

## 火車

台灣是個大海島，交通系統極為發達，除了之前介紹走國道的大型客運、西部的高鐵，以及連接機場到台北車站、桃園高鐵的機場捷運外，擁有環島路網的台鐵，是單車旅行最佳交通運輸助力。

強烈建議，準備要帶單車搭火車之前，務必先查詢鐵路局兩鐵列車網頁（https://www.railway.gov.tw/tra-tip-web/tip/tip00D/tipD11/view11）說明。另外，在查詢火車班次時，務必要有分區段搜尋的概念。

帶單車上火車到底要怎麼進行，不常運用兩鐵旅行的車友即使看了上述網頁，通常還是摸不著頭緒，最主要原因在於鐵路局是百年老店而且車種多，加上又有分區段。從好處想，其實是因為單車可以上的車種很多，所以才會如此複雜，但再怎麼複雜都有它的頭緒，所以我們第一步將它先簡化，以攜帶單車的形式可以分為2大方式。

●單車直接入站上車
（單車須另收費）

●單車裝入攜車袋
（單車屬行李，因此免費）

有了這樣的概念後，接著就可以依照不同的攜帶形式了解台鐵兩鐵服務的車種，進而上網找尋適合自己的方式進行兩鐵旅行。在上述網站查詢時，台鐵就是以這2個主要區別來對應出需要的班次。

但由於許多車種2種模式均有服務，意思是台鐵同一台班車（例如區間車）可以付費不拆車上車，同時也可以選擇把單車放入攜車袋當作隨身行李，不用額外付費上車。因此，若您是以時間安排為優先，

建議先找到時間適合的班次後，萬一該班不拆車可以直上的名額已經被申請完，只要使用攜車袋依舊可以順利搭乘；或是先到鐵路局網站一般查詢，找出想搭的班次後，再看看該班次有沒有單車可以直接入站上車的服務，若有就直上，若無就用攜車袋。

帶著單車可以上火車的車種車次，在台鐵的稱呼是「人車同行」車次，「人車同行」為單車直接入站上車的班次，單車須收費，且上下車有特定車站，目前有以下3種列車特定班次有這樣的服務。

◉ 區間車

區間車是台鐵最便宜也是營運班次最多的車種，包含各站皆停的「區間車」，

# 台北車站
# 沒有開放單車進出

若要利用單車直接入站上車的「人車同行」班次，千萬要記得台北車站沒有開放單車進出，可以選擇搭乘捷運或騎到鄰近的萬華、松山、南港，甚至是新北市的板橋站進出。至於哪些車站可以進出，在兩鐵網頁查詢「人車同行」起訖站時，班次查詢可以被選取的車站，即是可以進出的站點。

關於攜帶自行車搭乘台鐵相關資訊，請以台鐵官網說明為準。

以及少數車站不停的「區間快車」，這2種班次票價相同。台鐵將部分區間車班次規劃為「人車同行」車次，來提供車友兩鐵旅行之用。

區間車種並不單一，且顧名思義是行駛在較短區段之間，因此假如要由台北搭到花蓮，會因為已經跨了2區（台北－宜蘭、宜蘭－花蓮），網站上可利用的班次篩選後會非常稀少。若要由新竹搭到花蓮，在兩鐵網站以「新竹」、「花蓮」為起訖站，甚至會找不到任何班次；相反地，若在兩鐵網站以「宜蘭」、「花蓮」為起訖站來搜尋，因為這2站隸屬同區段，會找到大量的班次可利用。

因此若行程會跨區，可以在網站上分2段（或2段以上）查詢，找出時間上可以銜接的班次來搭乘，雖然花的時間較長，但把搭火車當成是旅程的一部分，也是一種不一樣的體驗。

不過要注意的是，帶單車搭乘區間車的購票，只能在火車站申請（每班車有數量限制，可提前幾天購買，鐵路局網頁可以查詢剩下的額度），單車須額外付費，通常是乘客票價的1/2。

◉ 莒光號

「人車同行」另一種車種是莒光號列

莒光號
「人車同行」車廂

單車以攜車袋打包
且合於鐵路局規定
後等同於行李

車（僅少數車次有提供「人車同行」服務），主要為東部以及南迴的車次。相較於區間車，莒光號是長程運輸為主，東部的車次有特定車廂，內有固定架可利用，但南迴則為停在行李車廂。「人車同行」額度每班車有數量限制，可在車站售票處購票申請，也可在網路上預訂。單車須額外付費買票，通常是乘客票價的1/2。

### ◉ 自強號

西部及台北－花蓮間的部分自強號班次有提供「人車同行」服務，特定車廂內（通常為第12車）有單車掛架可利用，可在網路上預訂，單車須額外付費買票，通常是乘客票價的1/2。

由以上分析可了解，若要帶單車長程移動且想帶單車直接上火車，例如要由台北到花蓮、台東甚或高雄、屏東，第一優先當然找自強號、莒光號。萬一沒有位子，退而求其次再利用區間車來分段接駁，是目前直接單車上火車的運用模式。

如果所有「人車同行」車次沒有位置，或是班次時間無法滿足需要，建議可以多利用攜車袋。因為單車以攜車袋打包且合於鐵路局規定後等同於行李，所有列車皆可乘車的情形下，行程安排彈性可以很大。但要注意的是，因為許多車型行李

區空間有限，若利用攜車袋上車，在人潮多時會受很大的影響，因此如果不是一個人，要特別注意搭乘的日子是不是連續假期，以免造成進退不得的困擾。

最後做個提醒，若是想要利用「人車同行」車次，由於台鐵不是每個車站都可以牽單車進出站，因此一定要注意起訖站是不是兩鐵指定站，否則台鐵無法提供服務。

## 捷運

台北、高雄除了可以利用方便的公共單車出遊外，這2個大都會的捷運也有條件地開放單車進出站，以下就是台北捷運以及高雄捷運不同的進出站規定。

帶單車上
台北捷運

### ◉ 台北捷運

台北捷運假日開放自行車上捷運，平日10:00～16:00時單車也可進站，入站後可將單車牽進第一節及最後一節車廂，

須另外購票（人車合併收費，單趟不限里程一律全票收費，票價為80元），但以下車站除外：文湖線各站、環狀線各站、淡水站、台北車站、大安站、忠孝復興站、南京復興站。

與台鐵一樣，捷運台北車站也是不開放沒有收摺的自行車進出站。

### ◎ 新北捷運

新北捷運（淡海輕軌）與台北捷運類似，為部分時段可直接上車，須額外付費，以攜車袋上車無須額外付費。

單車進
高雄捷運

### ◎ 高雄捷運

高雄捷運在營運時間內，不分時段均開放紅橘線所有車站讓旅客帶單車進出（不用收摺），單趟不限里程一律全票收費，票價為60元。一般腳踏車限停放第一節電聯車車廂的第1、2、3、4個車門區域，每一車門區限停一輛腳踏車，每列車可停4輛。另外，高雄輕軌僅開放旅客攜帶摺疊式腳踏車。

淡水
渡輪

## 渡輪、客輪

### ◎ 台灣本島

淡水八里渡輪、高雄渡輪都是當地重的交通接駁工具，單車皆可付費上船。

### ◎ 外島

台灣除了本島適合騎車，綠島、蘭嶼、小琉球、澎湖等幾個離島也有完整的公路系統，前往這幾個島的船班，單車皆可付費運送，因此也可以安排搭船到這些島嶼體驗不同的風光（金門、馬祖較遠，搭船前往時間較久）。

高雄鼓山
渡輪碼頭

東琉線交通船
（往小琉球）

往綠島、
蘭嶼客船

台東機場

## 大型飛機

如果想到離島的澎湖、金門等島嶼騎車，或是想帶單車以最快的速度由台北搭機直殺花蓮、台東，由於這些航線飛航的是較大型飛機，航空公司接受裝箱後

的自行車託運（或是包裝穩固的專用攜車袋），但各家的規則略有不同，建議利用前可以先聯繫確認。

以上有關在台灣如何透過大眾運輸運送單車的說明，由於各家運輸系統有各自的規定，加上有些雖有列出，但我們未完整體驗，內容不免會有所疏漏，因此在利用大眾運輸系統接駁單車前，務必前往各系統服務網頁詳細了解，越能事前妥善規劃，在台灣的單車旅行也就能更從容。

下表是依照在台灣各地騎車，利用大眾運輸系統經驗所整理出的表格，方便大家在台灣旅行時運用。

## 如何透過大眾運輸運送單車

| 交通工具 | 單車運送規定 |
| --- | --- |
| 機場捷運 | ・裝箱或裝入攜車袋，無額外費用<br>・部分區段、時段可直接上車，須付費 |
| 大型客運 | ・須裝入攜車袋（注意尺寸限制），大多無額外費用<br>・一般公車無行李區而無法攜帶 |
| 高鐵 | ・須裝入攜車袋（注意尺寸限制），無額外費用 |
| 火車 | ・部分班次可直接上車，須付費<br>・可裝入攜車袋上車，無額外費用 |
| 捷運 | ・台北捷運部分區段、時段可直接上車，須付費<br>・高雄捷運可付費直接上車（含非假日）<br>・新北捷運（淡海輕軌）部分時段可直接上車，須付費<br>・台北、新北、高雄捷運可裝入攜車袋上車，無額外費用 |
| 客輪・渡輪 | ・大部分客輪、渡輪皆可直接上船，須付費 |
| 大型飛機 | ・須裝箱託運（注意尺寸重量限制），未超重無額外費用<br>・小型飛機無法上機 |

# 附錄 2　如何選擇單車環島團

象所及，十多年前還沒有Google Maps這種免費且精良的線上地圖之前，除了極為少數社團有人帶領外，想要環島，只能騎著檔位不是很多的單車，很克難地載著帳篷（以前帳篷也沒有如今的輕量化）、睡袋，利用紙本地圖按圖索驥，一步步完成環島旅程，不管是否能夠完成，能踏出去的，每個都是勇者。

如今，在十多年的單車熱潮推波助瀾後，單車環島在台灣已經進化成一種旅遊行程，或是學子畢業成年禮。有時車友聊天扯淡，問的不是有沒有環過島，而是環過幾次島。可見環島已經是台灣車友人人都會去或不難完成的路程，而且這風氣也漸漸擴及到國外，不少外籍旅客到台灣為的就是要單車環島。

不過，動輒1週以上甚至將近1個月的單車環島，基本上是屬於長程旅行，在裝備上除了需要一台單車外，額外需要添購的裝備不少，且路線規劃、住宿交通也得花不少時間準備，因此除非希望通通自己來，否則付費參加環島團反而可以免除繁瑣準備，專心騎車享受旅行過程。

網路上有各式各樣的環島團，雖然我們只有2次參團的經驗，甚至嚴格說只有1次，因為其中一次是當工作人員，但由於不少身邊的車友參加過，也有些朋友在這些旅行團從事支援服務，因此大略將台灣收費旅行團做個基本介紹，然後加上一些個人看法，讓您在選擇上能起個頭。

當然，如前面所說，我得承認這些環島團我未曾全部參加過，整理的資訊來源是來自各團體的網站，以及有幾個是我再去電詢問而得，因此資訊無法全面甚至有所漏失，所以若想更進一步了解，可以搜尋各團體的網站連結自行參閱，以下資訊重點是讓您對付費環島團有初步的概念。

## 環島團類型

### ◉ 強調旅遊品質

這類環島團後勤支援強，參加者可以專心騎車，車子有問題隨時有專業人員排除，吃住都有相當的水準，景點也會有導覽。有的考慮到騎行者安全，較危險的蘇花公路段以火車來取代。

例如：捷安特、雄獅旅遊、山海戀單車俱樂部、騎遇福爾摩沙等。

◉ 強調挑戰與完成度

參加這樣的團，體力上壓力會比較大，但挑戰性較高，且情況許可下會騎蘇花公路，路程比較會走大環島。這類型環島團除以成人為主要客層外，也有專為學生族群開團，時間大多落在寒暑假。

例如：鐵駱駝（蘇花搭火車）、臺灣傳騎、鐵馬家庭、中華民國自行車騎士協會（蘇花搭火車）等。

◉ 分段環島

台灣樂活自行車協會推出一種所謂分段環島的行程，每段約5日，分段將全台灣走一次。這樣的走法很細膩，是屬於台灣深度遊程，所以很適合不喜歡悶頭趕路的人。

## 單車環島團比較表

| 團體 | 天數 | 出發地點 | 蘇花 | 參考價格（NT$／人） | 住房（*升級另外加價） |
|---|---|---|---|---|---|
| 台灣傳奇 | 9天 | 台北 | YES | 3萬1000 | 2人一房 |
| 捷安特旅行社 | 9天 | 台北、台中、高雄 | 搭火車 | 2萬6200～2萬7000 | *4人一房 |
| 雄獅旅遊 | 9天 | 台北 | 搭船或火車 | 3萬2900 | 2人一房 |
| 山海戀單車俱樂部 | 9天 | 新北 | YES | 3萬 | 1人1床（2人房為主） |
| 鐵馬家庭 | 9天 | 台北 | YES | 2萬6500 | *4人一房 |
| 騎遇福爾摩沙 | 9天 | 台北、台中、高雄 | 搭火車 | 3萬2000 | 2人一房 |
| 鐵駱駝單車生活協會 | 14天 | 台中 | 搭火車 | 學生6000／社會人士8000／國際人士1萬（不含膳食） | 借宿學校 |
| 中華民國自行車騎士協會 | 10天 | 台北 | 搭火車 | 學生1萬5000／社會人士1萬9000 | 香客大樓為主 |
| 台灣樂活自行車協會 | 5天 | 依照分段點 | 部分騎乘 | 1萬8000～2萬4000（不同段費用不同） | 2人房／單人房 |
| 救國團 | 10天／12天 | 台北、彰化、高雄 | 9天團搭火車／12天團騎蘇花 | 2萬5800／2萬8000 | 另行洽詢 |

## 如何挑選

### ◉ 出發地點

大部分的環島團出發地點是台北，因此參加時要考慮如何前往集合地，以及完成後回程的時間及交通方式。

### ◉ 保險內容

雖然現在的環島不比以前那樣困難，但畢竟整天騎車於戶外，風險相對高，因此除了確認有投保以及保險內容外，建議依照個人需求再加保些旅遊平安險。

### ◉ 有沒有提供單車

部分環島團會提供單車，這時會分為須付費或免費，另外還要考慮單車品質，是否維護良好以及中途的支援，可以透過網路了解這些團體的口碑來作為選擇的依據。如果是自備單車，出團時要如何前往出發地，以及完成後如何將單車以及行李弄回家，是需要考慮的重點。

### ◉ 路線型態

環島路程大致分為大環島、小環島，除了里程及風景不同，需要的時間也不

| 路線 | 單車 | 成團人數 | 成團通知 | 特殊備註 | 網址 |
|---|---|---|---|---|---|
| 小環島 | 免費（Pacific RACH T20） | 14～20人 | 出發前30天 | | https://www.cyclingtour.tw |
| 小環島 | 免費（捷安特專業單車） | 15～40人 | 依照成團人數 | | https://www.giantcyclingworld.com/travel |
| 小環島＋恆春半島＋東北角 | 自備單車 | 20人 | 出發前4天 | | https://www.liontravel.com |
| 小環島＋東北角 | 免費 | 另行洽詢 | 另行洽詢 | | http://www.bikexc.com/homeweb |
| 小環島 | 免費（美麗達 WOLF 3/5 旅行車（700C）） | 保證出團 | 保證出團 | | http://www.bit.org.tw |
| 環島1號線 | 免費（捷安特平把公路車(700C)） | 30～40人 | 台灣自行車節期間出團 | | http://formosa900.giant.com.tw |
| 小環島＋延伸路線 | 單車租借另計 | 上限100人 | 僅暑假出團 | 自載行李 | http://www.iron-camel.com |
| 小環島 | 單車租借另計 | 上限50人 | 僅暑假出團 | | http://www.cyclist.org.tw |
| 分段環島 | 免費 | 12～15人 | 依照成團人數 | | http://www.flca.tw/calendar.php |
| 9天小環島／12天大環島 | 免費提供 | 另行洽詢 | 因報名人數不足或天災不可抗力之因素，停辦或延期費用將全額退費 | | http://www.cyc.org.tw |

資料來源：各團體網站或電話查詢　製表日期：2020.12.22

同，因此一定要權衡自己的需求。大原則是若以風景為主，建議走大環島（不過請注意，雖是以風景為主，但體力需求不會比較輕鬆）；以完成為主且有假期不夠的壓力者，選小環島。

### ◉ 價格與服務的差異

環島團價格差異並不是低價品質就差，而是在於提供的服務類型（例如保姆車、支援車、領騎工作人員等）或是住宿和餐的類型，以及日程長短而不同，因此建議不要以價錢為主要考量，還是回到本身需求為主。就我所了解，環島團不像一般旅遊團會遇到所謂「購物團」，需要透過購物退傭來降低團費，所以該花的就要花，便宜的也有它的特色。

### ◉ 蘇花公路騎不騎

現在蘇花公路雖然因為有蘇花改，車流量大幅減少，但大部分的環島團這段還是選擇搭火車，所以若是想騎蘇花公路，得先確認該團是否有走，因為這段相對危險，所以一定要有心理準備，務必聽從領隊指示再上路。

### ◉ 是否保證出團

除非是退休族時間壓力小，否則參加的環島團最後因人數不足無法成團，那事先喬好的假甚至機票都得改期或是退票，那是非常掃興的，因此是否能如期出團是選擇時很重要的依據。

### ◉ 需自費項目

由於台灣各地美食是環島過程很令人期待的重點，有些團體住宿安排在沿途的市區，方便大家出去覓食，也因此晚餐

筆者實際上參加過2次環島團，一次是捷安特旅行社承辦的領航騎士團，一次是車友團體自辦的環島團，我去帶路兼攝影。以下影片是參加領航騎士團的影片紀錄，希望透過影片，可以讓您更了解參加環島團的樂趣及細節。

2018「騎遇福爾摩沙900」單車環島隨行紀錄_完整版
https://www.youtube.com/watch?v=PxftIp1kszE

會採自費的方式，這種行程不是要降低團費，而是提供較自由的空間，也是值得作為選擇的考量。

### ◉ 幾人房

除非是邀同伴同行，否則環島團的住宿大多是2人房以上，若是一個人，與其他人併房是必然，有些團體貼心安排1人1床（但也是多人的房間），這樣睡眠品質多少會比較好。

### ◉ 多少人的團

雖然大部分的環島團會依照一定的人數搭配合理的工作人員，但團員多隊伍會拉長是必然，而人數少的團因固定成本分攤的人少，價格通常會比較高，但行程彈性大是好處，因此還是得做取捨。

# 附 錄 3 租台單車去環島

**前** 一篇提到「跟團」是最不須花心思的環島方式，但需要和一群素不相識的人相處那麼多天，對於習慣自由自在慢慢玩，或是想依照自己節奏騎的人，總是不方便，因此接著要談的也是比較不麻煩的方式，但可保有環島一定的自由度──租車。

有些人可能會覺得，租車應該很單純，環島要有體力和時間才是重點；有了體力請好假，車租了就可以去騎不是嗎？其實，如果只是單純騎車，的確只要有一台車即可，但環島光是有一台車是絕對不夠的，除了體力、路線規劃之外，周邊裝備準備起來也是夠令人頭痛了，而且買裝備還要花不少銀子，因此用租的，事實上也是協助我們可以輕鬆踏上旅程的好方法。因此這篇我們來聊聊環島租車這件事。

## 誰適合租車？

### ◉ 沒有單車的人

這類型新手機率很高，因為雖然台灣是單車大國，但一台好一點的單車索價不斐，加上周邊的裝備搞起來要花不少錢。有些朋友只是單純地想環島，日後不見得會繼續騎車，或是在學的學子想挑戰環島，因此採用租車方式來解決沒車問題的人不少。

### ◉ 從國外來台灣，但不想帶單車

這類型車友在自己國家可能已有單車，通常會希望租好一點的車（當然也可能是像上述經驗值不高的新手）。換個角度，若我想到國外騎車，為了不想自帶單車的瑣碎，其實也很想到當地再租，但前提是車子要夠水準。

### ◉ 有單車，但不想另外準備環島裝備

這類人應該較少，但有可能是自己的車不適合長程旅行，例如專為速度設計且較昂貴的公路車或是越野用的雙避震登山車，所以乾脆租台適合旅行的環島車。

## 租車常見的車種

在正常狀況下，第1、2類人的需求最多，因此環島單車租賃市場上的車種，會以這兩類使用者的需求為主。而通常第1類車友會偏向經濟型車種，第2類車友則偏向自己熟悉的車種，所以常見可供出租的環島單車，在價格及車型上也會有所不同，這裡舉出這幾種車型的特點。

◉ 登山車

　　有前避震器，車會比較重，但對路況的適應性較佳，車也容易上手，且租金通常比較低（店家取得成本也比較低），因此是目前租車市場上的大宗。

◉ 平把公路車（彎把公路車比較少有店家出租）

　　車比較輕，騎起來相較於登山車省力，租金不會太高，因此也是出租市場上的大宗。

◉ 摺疊車或小徑車

　　輕巧有型，如果要上大眾交通工具較方便，少數店家有出租。

◉ 旅行車

　　車比較重，但騎起來穩，若搭配適當的馬鞍袋等配備後，可以帶的裝備最多（例如打算要露營），不過由於在台灣環島到處都有得住，吃也方便，因此旅行車在台灣較屬於冷門產品，有提供的店家比較少。

## 需要的裝備

　　大部分的店家會提供環島相關的裝備，例如：馬鞍袋、手機架、前後燈、備胎、補胎工具等，不過有些是需要另外付費，因此在選擇時要弄清楚最終價格以及環島時必要裝備都有帶上，尤其有些裝備是牽涉到騎車安全，絕對不能大意。針對這點，最好是自己先準備裝備清單，租車時一一核對，確認裝備堪用後再出發。

## 價格

　　以下簡單整理幾家單車出租店的價格提供參考（調查於2018年5月），透過幾家較具代表性商家比較，可以發現目前以10日為期的租金大約落在2000～4000元之間，請記得價格會因車種、配備不同而不同，即便價格高一點，好騎最重要。

## 環島單車出租店

　　目前主要的環島車出租店大多在台北（當然其他城市也有），網路上透過搜尋，可以找到的單車租賃店不少，不過有些可能已經沒有提供租車服務，因此若要造訪請務必事先確認。以下列出幾家環島單車出租店提供參考。

◉ 捷安特
https://www.giantcyclingworld.com
◉ 紅米青年旅館
https://bike.homeyhostel.com/zh-hant
◉ 台灣雲豹
http://www.rentabike.com.tw/index.php
◉ 馬修單車
https://mathewbike.com
◉ 八里水岸單車生活館
http://www.balibikeshop.com
◉ 租車瘋
https://www.facebook.com/租車瘋-259961717171
◉ BIKE EXPRESS TAIWAN（英文網站，有彎把車）
https://www.bikeexpress.com.tw

# 租車價格比較表

| 出租店家 | 車型 | | 價格 | 10天價格 | 配件 | 甲租乙還 |
|---|---|---|---|---|---|---|
| 捷安特 | Fastroad | 平把公路車 | 前3天1500，每日加200 | 2900 | 前燈、尾燈、碼表、上管袋、貨架、後馬鞍袋、打氣筒、水壺架、鎖、工具組 | 有 |
| | FAST E+ | 電動輔助自行車 | 前3天2500，每日加500（加租1顆電池＋充電器1天200） | 6000 | | |
| | Aimez E+ | | | | | |
| 紅米 | 捷安特ESCAPE 1 | 平把公路車 | 前3天1200，每日加200 | 2600 | 前燈、鎖具、打氣筒、馬鞍袋、工具組、貨架、內胎2條（內胎使用1條200元） | 無 |
| 台灣雲豹 | Audax 鉻鉬鋼漫遊／優雅 | 平把公路車 | 第1天800，第2天700，第3天600，第4～6天400／天，第7天以上250／天 | 4300 | 上管袋、前／後燈（後貨架、馬鞍袋、安全帽，以上預約租車時提出租借需求） | 有 |

資料來源：各公司網站　製表日期：2020.12.22

**THEME 50**

# 單車環台縱走大旅行

一生必騎3大經典路線
31條行程規劃＋12條環島自行車道
附實戰遊記×路線圖×難易度

國家圖書館出版品預行編目資料

單車環台縱走大旅行：一生必騎3大經典
路線,31條行程規劃＋12條環島自行車道,
附實戰遊記x路線圖x難易度/陳忠利作. --
初版. -- 臺北市：墨刻出版股份有限公司出
版：英屬蓋曼群島商家庭傳媒股份有限公
司城邦分公司發行, 2020.12
224面;16.8×23公分. -- (Theme；50)
ISBN 978-986-289-542-9(平裝)
1.臺灣遊記 2.腳踏車旅行

733.69                              109019707

**作者・攝影**
陳忠利

**主編**
丁奕岑

**美術設計**
羅婕云

**地圖繪製**
李英娟

**封面設計**
周慧文

**執行長**
何飛鵬

**PCH集團生活旅遊事業總經理暨墨刻出版社長**
李淑霞

**總編輯**
汪雨菁

**行銷企劃經理**
呂妙君

**行銷企劃專員**
許立心

**出版公司**
墨刻出版股份有限公司
地址：台北市104民生東路二段141號9樓
電話：886-2-2500-7008　傳真：886-2-2500-7796
E-mail：mook_service@cph.com.tw
讀者服務：readerservice@cph.com.tw
墨刻網址：www.mook.com.tw

**發行**
英屬蓋曼群島商家庭傳媒股份有限公司城邦分公司
地址：台北市104民生東路二段141號2樓
電話：886-2-2500-7718　886-2-2500-7719
傳真：886-2-2500-1990　886-2-2500-1991
城邦讀書花園：www.cite.com.tw
劃撥：19863813
戶名：書虫股份有限公司

**香港發行所**
城邦(香港)出版集團有限公司
地址：香港灣仔駱克道193號東超商業中心1樓
電話：852-2508-6231
傳真：852-2578-9337

**製版**
藝樺彩色印刷製版股份有限公司

**印刷**
漾格科技股份有限公司

**經銷商**
誠品股份有限公司・聯合發行股份有限公司
金世盟實業股份有限公司

**城邦書號**
KX0050

**定價**
480元

**ISBN**
978-986-289-542-9
2020年12月初版　2023年9月五刷